現代地図と歴史地図を重ねた新発想の地図

Time Trip Map

京都時代MAP

安土桃山編

「上杉本 洛中洛外図屏風」
（米沢市上杉博物館蔵）

新創社編

京都時代MAP 安土桃山編

INTRODUCTION

はじめに

歴史は縦に堆積する。
このことを現実の都市空間で実感できる最適の場所、それが京都です。
延暦十三年（七九四）の遷都から今日までの千二百余年の間、
京の町はほぼ同一の場所にあって、政治・文化の中心地として、
それぞれの時代特有の歴史を積み重ね続けてきました。

京都ならではのこの特性に注目し、
今を歩きながら、特定のある時代だけを散策するために、
古地図と現代地図を重ね合わせて見ることができるように工夫した
新発想のタイムトリップマップ
それが「京都時代ＭＡＰ」シリーズです。

今回は「幕末・維新編」に続く第2弾「安土桃山編」。
応仁の乱後の長引く動乱によって幾度となく焼失した京の町が、
信長・秀吉による全国平定の歩みの中で、整備され直されます。
平安京以来の碁盤目の町割りを細分化した「短冊型町割り」
寺町に名残をとどめる身分別居住区の設定
京の町全体を囲む「御土居堀」
幕末の舞台にもなる伏見の城下町化など
現代の京都の都市景観の原型がこの時代に形づくられ、
その面影は、京の町の至るところにほぼ当時のままに残されています。

「京を制するものは天下を制す」と言われた安土桃山時代。
その激動の時代の京の町へ、このMAPを片手に、
ぶらり散策に出かけてみませんか？
これまでとは一味違う京都の魅力を発見していただけることを心より願っています。

京都時代MAP 安土桃山編

CONTENTS

目次

はじめに …… 2

京都タイムトリップマップ（安土桃山）

京都タイムトリップマップ エリア図 …… 5

京都タイムトリップマップ …… 6

タイムトリップマップは、紙に印刷された安土桃山時代の地図と、半透明のトレーシングペーパーに印刷された現代地図を重ねて構成した新発想の地図です。現代地図をたどりながら安土桃山時代の京都の町を歩く、イメージする。歴史の中の距離感を体験してください。

戦国の世、京の織豊道をゆく …… 48

信長、光秀、秀吉、利休　男たちの京都ヒストリー …… 50

～安土桃山編に登場する主要人物と歴史年表

【一場春夢】信長と京と本能寺の死 …… 52

戦国末期「天下布武」を唱え、京へ駆け上り、乱世に終止符を打った織田信長。信長が京の町に残した足跡と、壮絶なる本能寺の死へ至る軌跡を追う。

【一大クーデター】明智光秀の謀反 …… 62

明智光秀はなぜ信長暗殺に及んだのか。本能寺の変に至る直前の光秀の行動と、本能寺の変当日の、信長と信忠そして光秀の攻防を京の町にたどる。

【天下統一】秀吉の都市改造と天統一への道 …… 66

百年に及ぶ戦乱で焦土と化した都を近代都市として復興させた秀吉の京都改造。京を舞台に天下統一への道をひた走る秀吉の野望と迷走の跡。

【一期一会】茶人・利休と戦国武将、その死の謎 …… 78

戦国の世に大きく花開いた茶の湯の文化。茶の湯をめぐる戦国武将と茶人・千利休の彩なすドラマの中に、それぞれの生きざまと利休の死の謎を追う。

参考資料・文献 …… 82

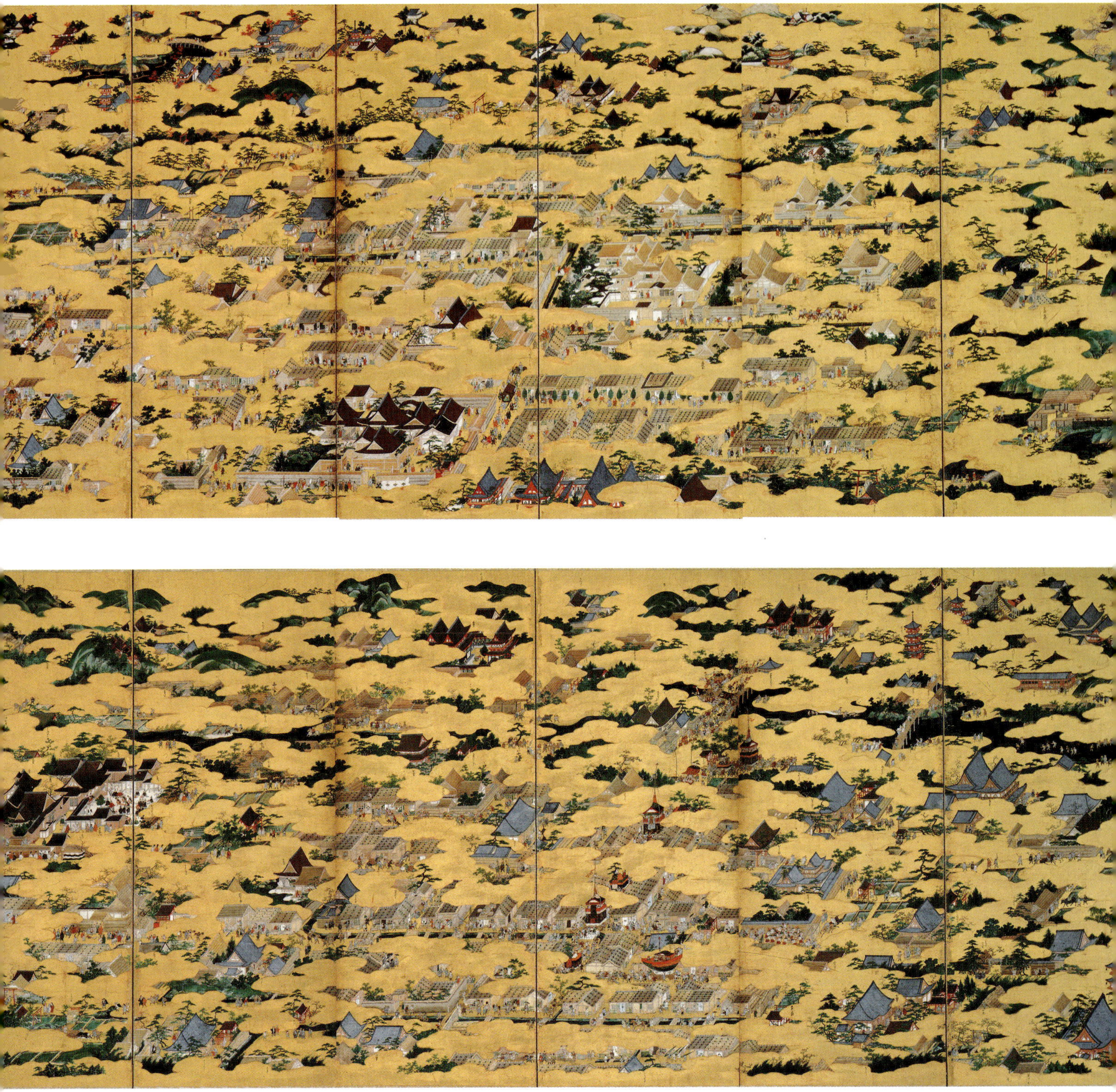

「上杉本 洛中洛外図屛風」（米沢市上杉博物館蔵）

京都時代MAP 安土桃山編

京都タイムトリップマップエリア図

Kyoto Time Trip Map

現代地図凡例

- 銀行
- 郵便局
- CS コンビニエンスストア
- 新幹線・JR線・私鉄
- 地下鉄
- 建造物（ビル・社寺等）
- 水系（河川・池・堀等）
- 道路

本書に掲載した地図の作成に当たっては、国土地理院長の了解を得て、同院発行の1万分1地形図を使用した物である。（承認番号　平18近使、第3号）

安土桃山地図凡例

- 道路
- 秀吉の町割りで出来た道路
- 御所修理以前の道路
- 信長期以前の武家
- 信長期以前の社地
- 信長期以前の寺地
- 信長期以前の公家
- 信長期以前の御所
- 信長期以前の惣構・木戸
- 卍 信長期以前の寺院
- ⛩ 信長期以前の神社
- ● 信長期以前の屋敷、社寺他
- 武衛陣（足利義輝の城）
- 足利義昭の二条御所
- 水系（堀・川など）
- 秀吉期以降の寺地
- 秀吉期以降の社地
- 御土居堀の内
- 卍 秀吉期以降の寺院
- ⛩ 秀吉期以降の神社
- 徳川時代初期の朝廷関係
- 徳川時代初期の公家関係
- 御土居
- 聚楽第
- 伏見城の崖面
- 伏見城の土塁
- 伏見城の空堀
- 伏見城の水濠
- 伏見城下の町屋
- 伏見城下の武家屋敷

※地図の名称表記文字が■色のものは、信長期以前の屋敷、社寺他を表します。

本書に掲載した安土桃山時代地図の作成に当たっては、京都市街については基本図として花園大学文学部教授山田邦和氏制作の「戦国期京都市街地復元図」を使用し、御土居堀と寺町、長方形街区については佛教大学非常勤講師中村武生氏の研究成果を使用し、聚楽第については京都府埋蔵文化財調査研究センター調査員森島康雄氏の研究成果を使用し、武衛陣および義昭御所については京都大学大学院工学研究科教授高橋康夫氏の研究成果を使用し、その他の項目については、参考文献・資料を参照して構成したものです。また、豊臣期の伏見の地図は、山田邦和氏の研究成果「第3期伏見城（豊臣期木幡山城）城下町推定復元図」を使用して作成したものです。なお、作成した安土桃山時代地図は資料に基づく推定であることをご了承下さい。

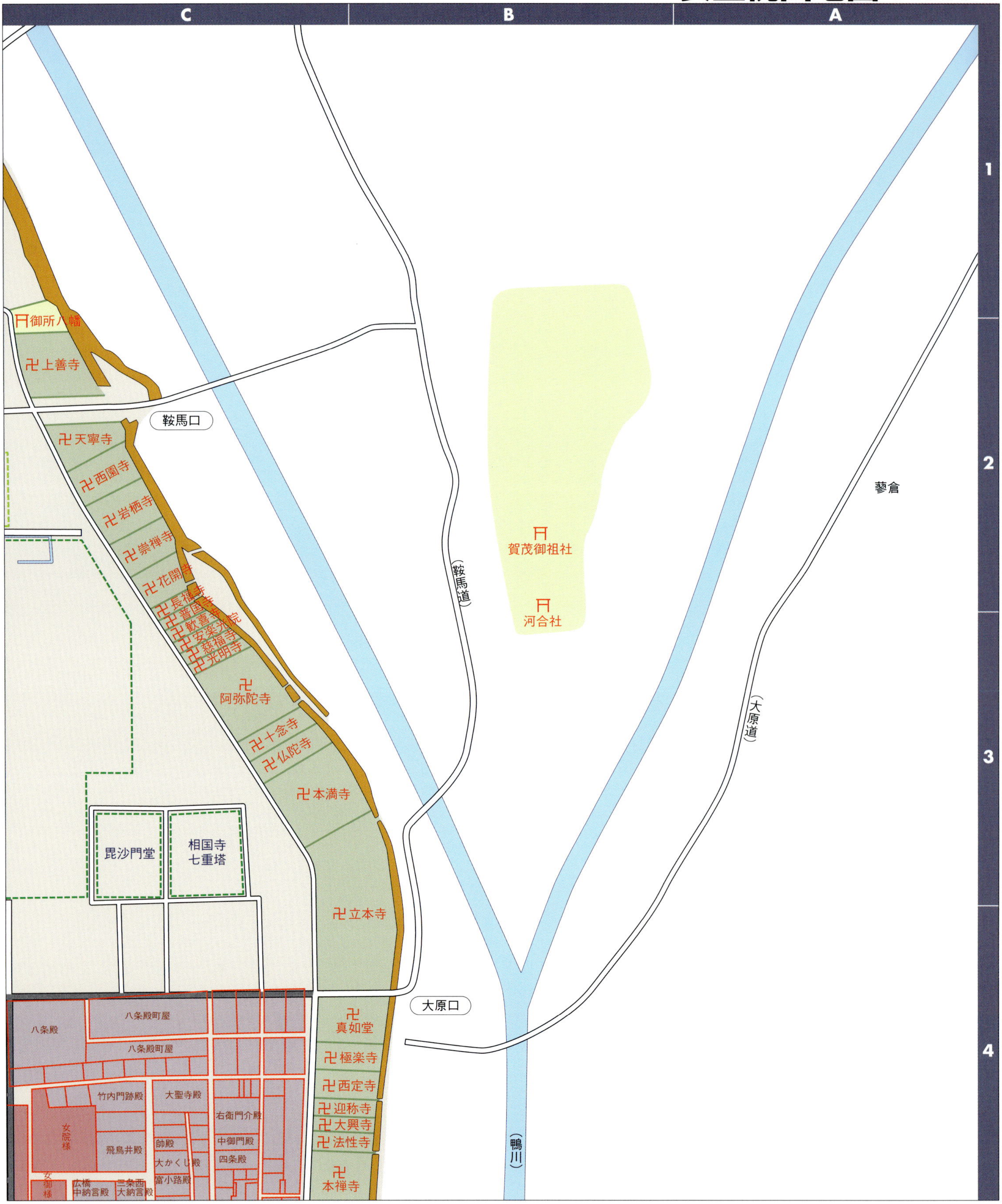
C
B
A
1
2
3
4
御所八幡
上善寺
鞍馬口
天寧寺
西園寺
岩栖寺
崇禅寺
花開寺
長福寺
普国寺
歓喜寺
安楽光院
慈福寺
光明寺
阿弥陀寺
十念寺
仏陀寺
本満寺
毘沙門堂
相国寺
七重塔
立本寺
大原口
真如堂
極楽寺
西定寺
迎称寺
大興寺
法性寺
本禅寺
八条殿
八条殿町屋
八条殿町屋
竹内門跡殿
大聖寺殿
右衛門介殿
女院様
飛鳥井殿
帥殿
中御門殿
大かくじ殿
四条殿
富小路殿
女御様
広橋中納言殿
三条西大納言殿
鞍馬道
賀茂御祖社
河合社
蓼倉
大原道
鴨川

0 100 500m

京都下鴨病院
北大路通
市田病院
下鴨局
賀茂御祖神社（下鴨神社）
下鴨中学校
出雲路橋
上善寺
西園寺
天寧寺
西光寺
下鴨小学校
糺の森
河合神社
出雲寺
鞍馬口通
京都家庭裁判所
十念寺
阿弥陀寺
相国寺
本満寺
養正小学校
光福寺
京都中央信金
長徳寺
常林寺
河原町今出川
今出川通
百万遍
清風荘庭園
北村美術館
京大体育館
京都御苑
京極小学校
本禅寺
鴨川公園
賀茂大橋
高野川
鴨川

0 100 500m

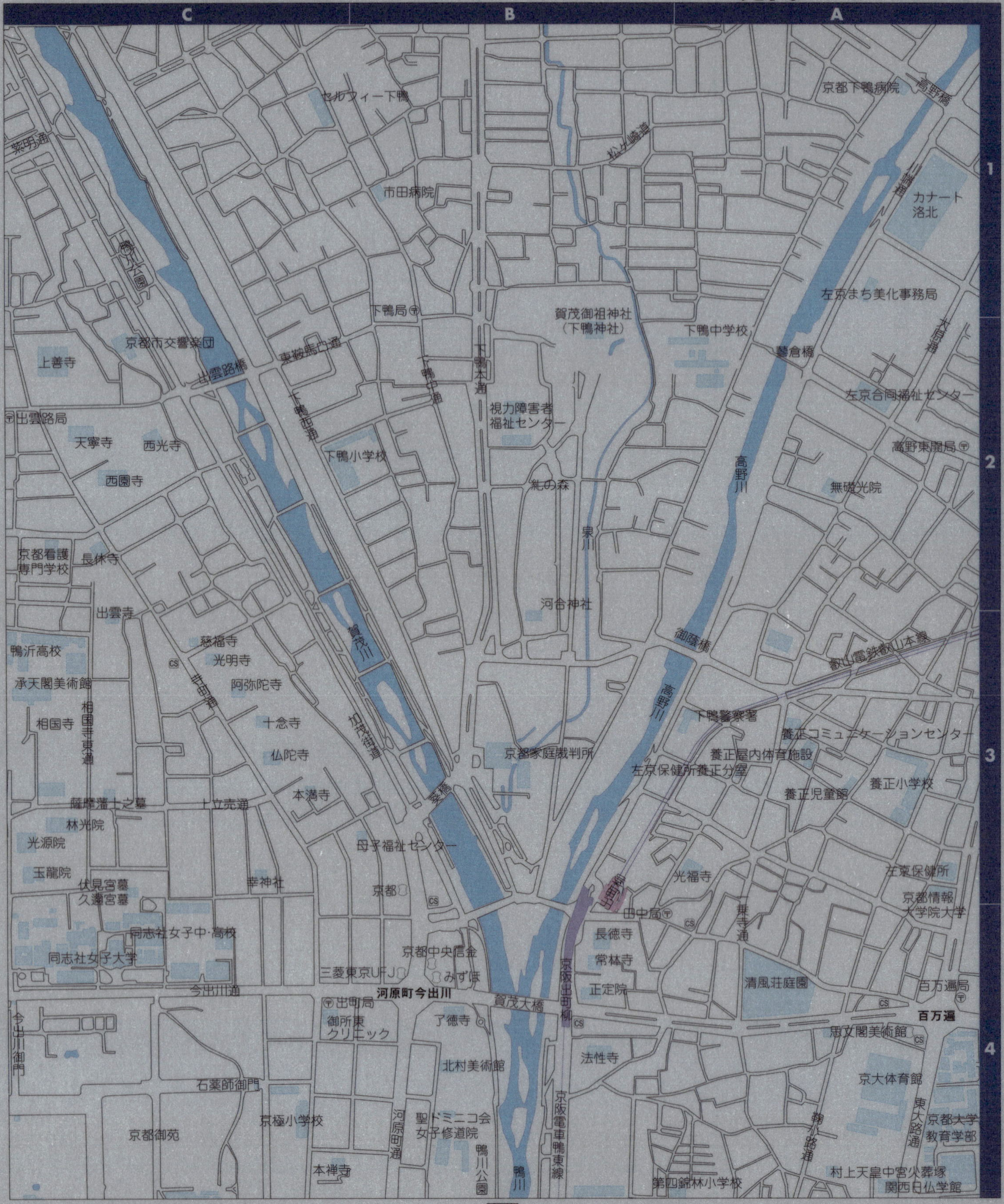
C
B
A
1
2
3
4
セルフィー下鴨
京都下鴨病院
高野橋
紫明通
松ケ崎道
市田病院
川端通
カナート
洛北
鴨川公園
下鴨局
賀茂御祖神社
(下鴨神社)
左京まち美化事務局
下鴨中学校
京都市交響楽団
東鞍馬口通
下鴨本通
下鴨中通
蓼倉橋
上善寺
出雲路橋
下鴨西通
視力障害者
福祉センター
左京合同福祉センター
出雲路局
天寧寺
西光寺
下鴨小学校
高野東開局
西園寺
糺の森
高野川
無礙光院
京都看護
専門学校
長林寺
泉川
出雲寺
河合神社
慈福寺
賀茂川
御蔭橋
鴨沂高校
光明寺
叡山電鉄叡山本線
承天閣美術館
阿弥陀寺
寺町通
相国寺
相国寺東通
十念寺
加茂街道
下鴨警察署
養正コミュニティセンター
養正屋内体育施設
仏陀寺
京都家庭裁判所
左京保健所養正分室
養正小学校
本満寺
養正児童館
薩摩藩士之墓
上立売通
葵橋
林光院
光源院
母子福祉センター
光福寺
左京保健所
玉龍院
伏見宮墓
幸神社
京都
出町柳
京都情報
大学院大学
久邇宮墓
田中局
東鞍馬口通
同志社女子中・高校
長徳寺
京阪出町柳
京都中央信金
常林寺
同志社女子大学
三菱東京UFJ
みずほ
清風荘庭園
今出川通
河原町今出川
正定院
百万遍局
出町局
賀茂大橋
百万遍
御所東
クリニック
了徳寺
思文閣美術館
今出川御門
法性寺
北村美術館
京大体育館
石薬師御門
京阪電車鴨東線
東大路通
京極小学校
聖ドミニコ会
女子修道院
京都大学
教育学部
京都御苑
河原町通
鴨川
鴨川公園
東小路通
本禅寺
第四錦林小学校
村上天皇中宮火葬塚
関西日仏学館

04

現代MAP No.02

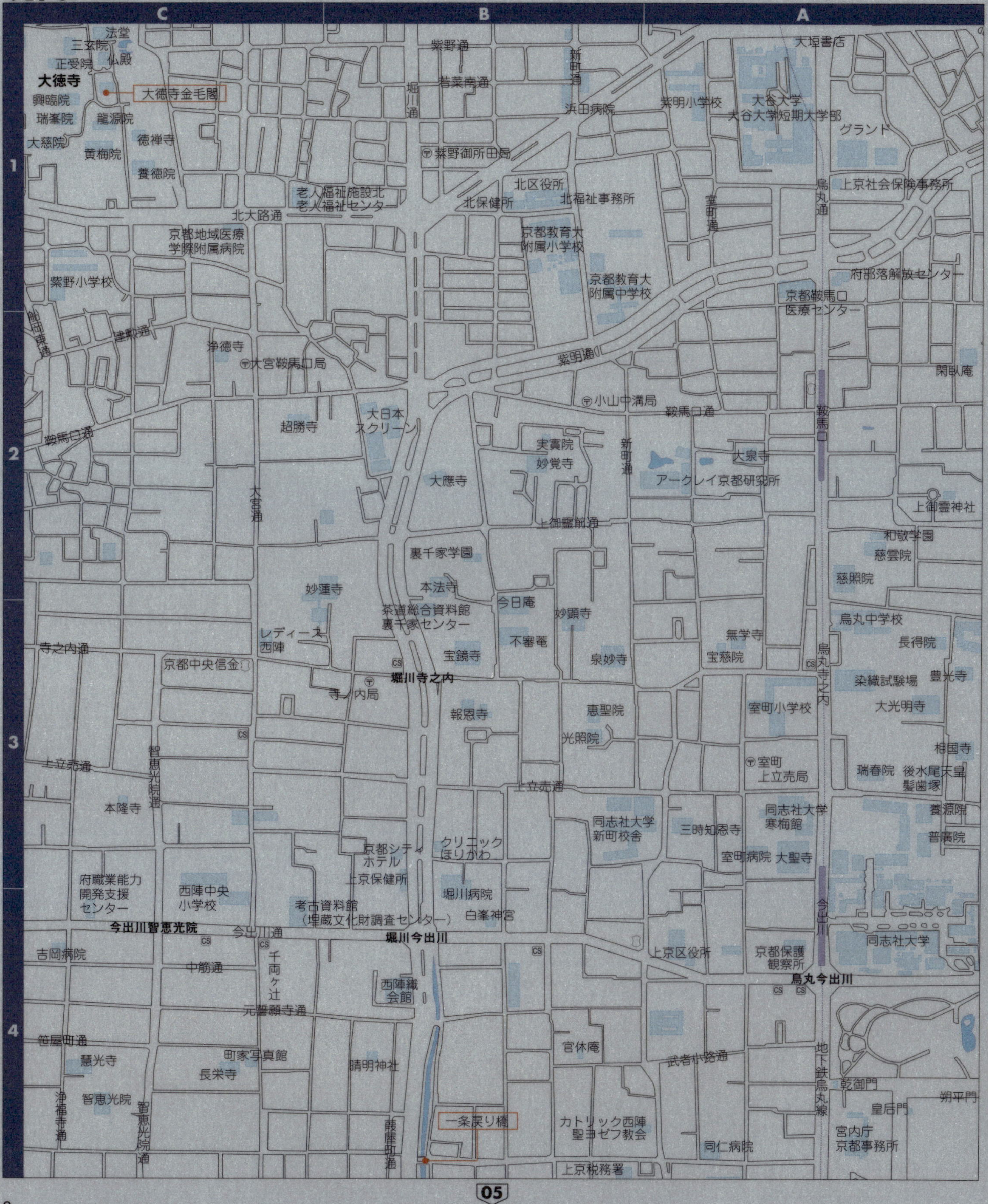
C
B
A
1
2
3
4
03
05
法堂
三玄院
仏殿
正受院
大徳寺
大徳寺金毛閣
興臨院
瑞峯院
龍源院
大慈院
徳禅寺
黄梅院
養徳院
紫野通
若菜南通
新町通
堀川通
浜田病院
紫明小学校
大谷大学
大谷大学短期大学部
大垣書店
グランド
紫野御所田局
北区役所
北保健所
北福祉事務所
老人福祉施設北
老人福祉センター
北大路通
烏丸通
室町通
上京社会保険事務所
京都地域医療
学際附属病院
京都教育大
附属小学校
京都教育大
附属中学校
府部落解放センター
紫野小学校
京都鞍馬口
医療センター
船岡東通
建勲通
浄徳寺
大宮鞍馬口局
紫明通
閑臥庵
小山中溝局
鞍馬口通
鞍馬口
大日本
スクリーン
超勝寺
鞍馬口通
実實院
妙覚寺
新町通
大泉寺
大宮通
大應寺
アークレイ京都研究所
上御霊前通
上御霊神社
和敬学園
裏千家学園
慈雲院
慈照院
妙蓮寺
本法寺
今日庵
妙顕寺
茶道総合資料館
裏千家センター
烏丸中学校
レディース
西陣
長得院
寺之内通
不審菴
無学寺
京都中央信金
宝鏡寺
泉妙寺
宝慈院
烏丸寺之内
豊光寺
堀川寺之内
染織試験場
寺ノ内局
報恩寺
恵聖院
室町小学校
大光明寺
光照院
相国寺
智恵光院通
上立売通
室町
上立売局
瑞春院
後水尾天皇
髪歯塚
上立売通
本隆寺
同志社大学
新町校舎
三時知恩寺
同志社大学
寒梅館
養源院
普廣院
京都シティ
ホテル
クリニック
ほりかわ
室町病院
大聖寺
上京保健所
府職業能力
開発支援
センター
西陣中央
小学校
堀川病院
考古資料館
（埋蔵文化財調査センター）
白峯神宮
今出川
今出川智恵光院
今出川通
堀川今出川
同志社大学
吉岡病院
千両ヶ辻
上京区役所
京都保護
観察所
中筋通
西陣織
会館
烏丸今出川
元誓願寺通
笹屋町通
慧光寺
町家写真館
晴明神社
官休庵
武者小路通
長栄寺
地下鉄烏丸線
乾御門
浄福寺通
智恵光院
智恵光院通
朔平門
皇后門
一条戻り橋
葭屋町通
カトリック西陣
聖ヨゼフ教会
宮内庁
京都事務所
同仁病院
上京税務署

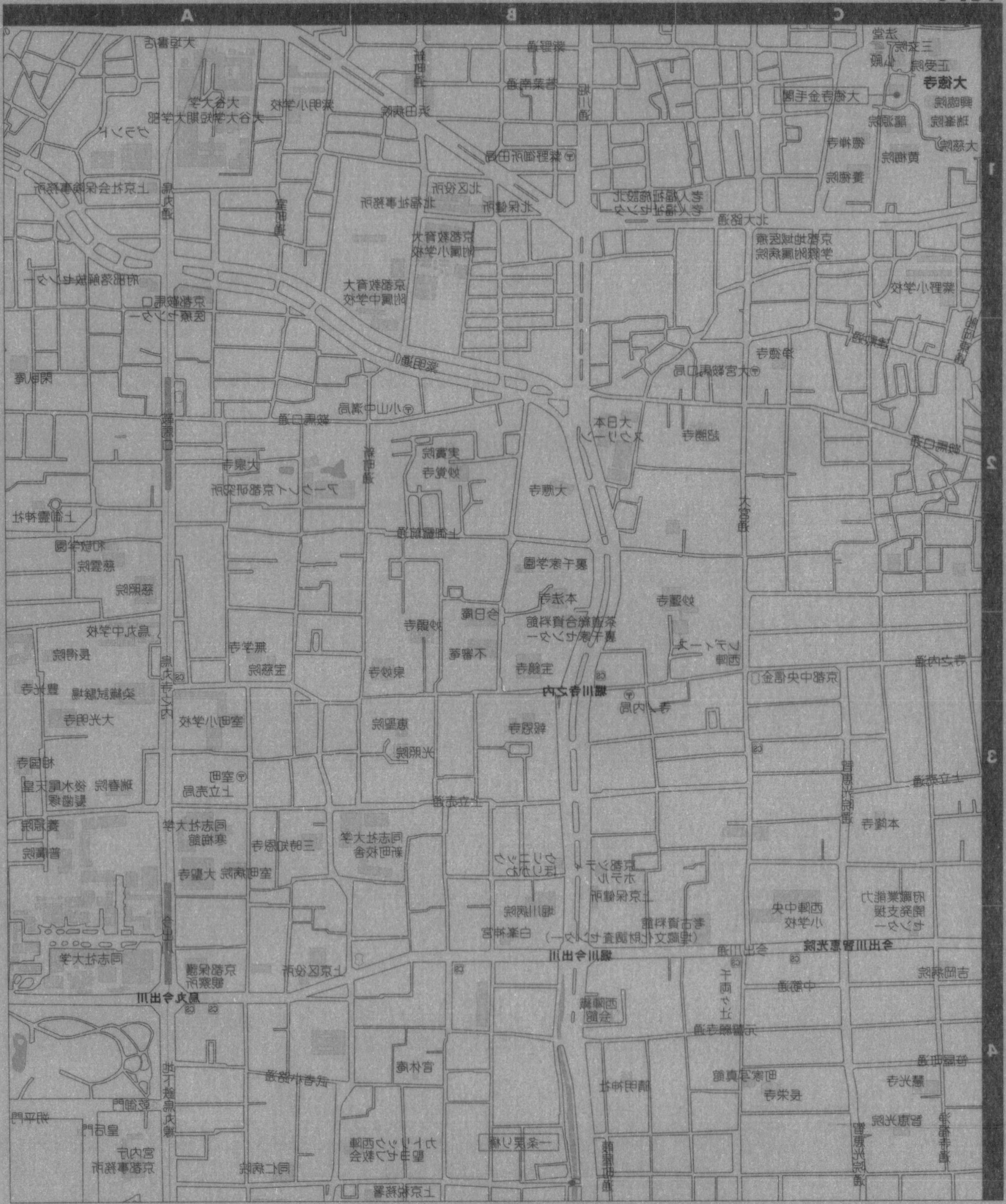
A
B
C
1
2
3
4
03
05
大徳寺
大徳寺金毛閣
紫野小学校
北大路通
北区役所
北保健所
北福祉事務所
京都教育大学附属小学校
京都教育大学附属中学校
紫明通
大谷大学
大谷大学短期大学部
紫明小学校
上京社会保険事務所
紫野御所田局
京都地域医療学際附属病院
鞍馬口通
大宮鞍馬口局
小山中溝局
大日本スクリーン
超勝寺
浄徳寺
実際院
妙覚寺
大応寺
上御霊前通
上御霊神社
裏千家学園
本法寺
妙蓮寺
妙顕寺
不審菴
今日庵
宝鏡寺
茶道総合資料館
裏千家センター
京都中央信金
堀川寺之内
西陣
室町小学校
報恩寺
光照院
大光明寺
相国寺
上立売通
室町上立売局
同志社大学寒梅館
同志社大学新町校舎
三時知恩寺
本隆寺
大聖寺
西陣中央小学校
京都ブライトンホテル
上京保健所
堀川病院
白峯神宮
西陣織会館
上京区役所
京都保健衛生専門学校
今出川通
堀川今出川
烏丸今出川
同志社大学
元誓願寺通
中筋通
晴明神社
長栄寺
一条戻り橋
宮内庁京都事務所
皇后門
乾御門
上京税務署
同仁病院
カトリック西陣聖ヨゼフ教会
猪熊通
大宮通
黒門通
烏丸通
新町通
室町通
智恵光院通
浄福寺通
堀川通

安土桃山地図 No.02

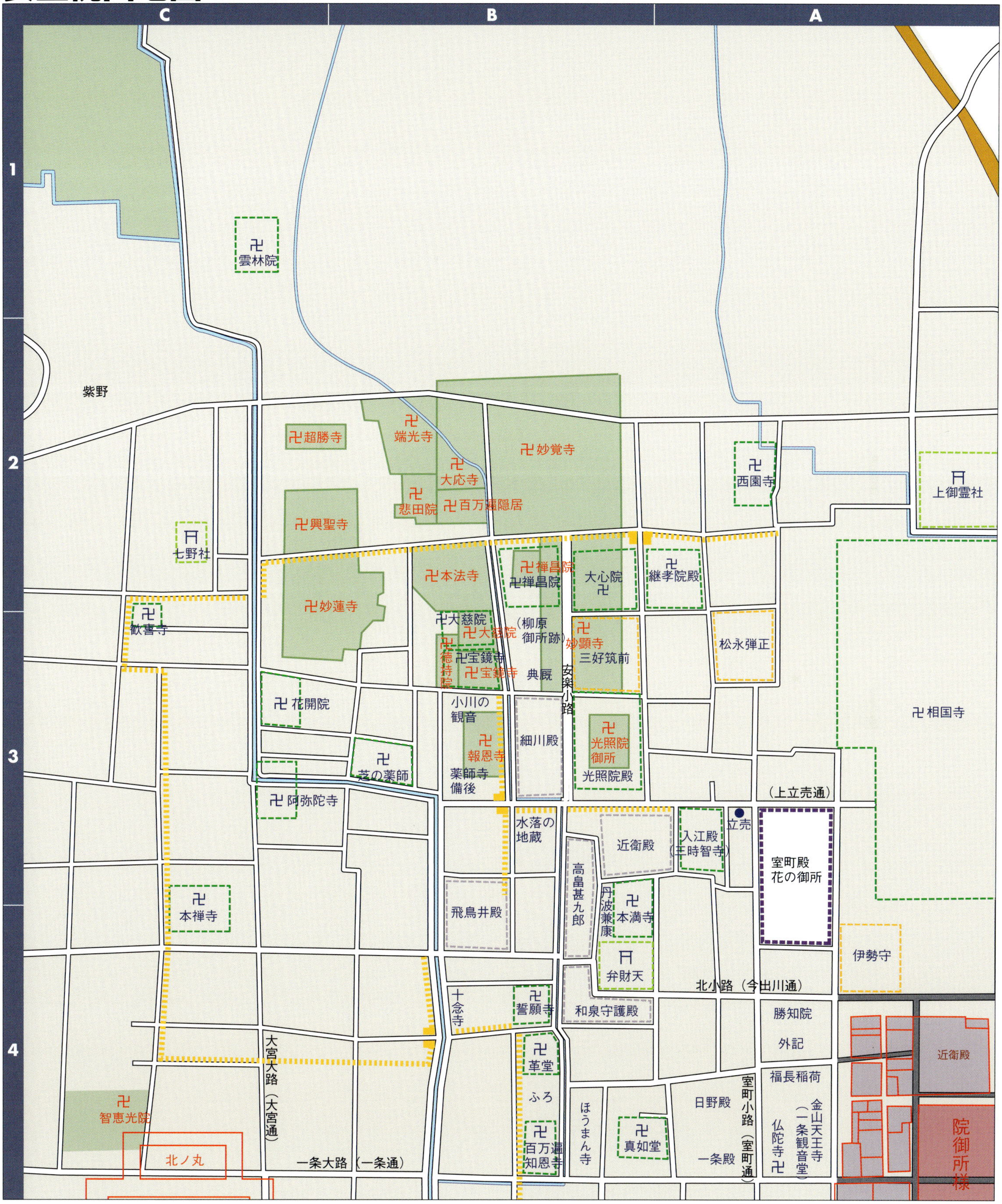

C
B
A
1
2
3
4
雲林院
紫野
超勝寺
端光寺
大応寺
妙覚寺
悲田院
百万遍隠居
興聖寺
七野社
本法寺
禅昌院
禅昌院
大心院
継孝院殿
妙蓮寺
歓喜寺
大慈院
大慈院
(柳原御所跡)
妙顕寺
三好筑前
松永弾正
宝鏡寺
宝鏡寺
典厩
安楽小路
花開院
小川の観音
細川殿
光照院御所
光照院殿
相国寺
報恩寺
芝の薬師
薬師寺備後
(上立売通)
阿弥陀寺
水落の地蔵
近衛殿
入江殿(三時智寺)
立売
室町殿花の御所
高畠甚九郎
丹波兼康
本満寺
本禅寺
飛鳥井殿
伊勢守
弁財天
北小路（今出川通）
十念寺
誓願寺
和泉守護殿
勝知院
外記
近衛殿
大宮大路（大宮通）
革堂
ふろ
福長稲荷
智恵光院
日野殿
室町小路（室町通）
金山天王寺（一条観音堂）
仏陀寺
ほうまん寺
真如堂
百万遍知恩寺
院御所様
北ノ丸
一条大路（一条通）
一条殿
上御霊社
西園寺

C
B
A
1
2
3
4
大徳寺
鹿苑寺
（金閣寺）
船岡山
紫野
長坂口へ
廬山寺
引接寺
（千本閻魔堂）
平野社
大報恩寺
（千本釈迦堂）
北野社
上善寺
浄土寺
千本通
大将軍社

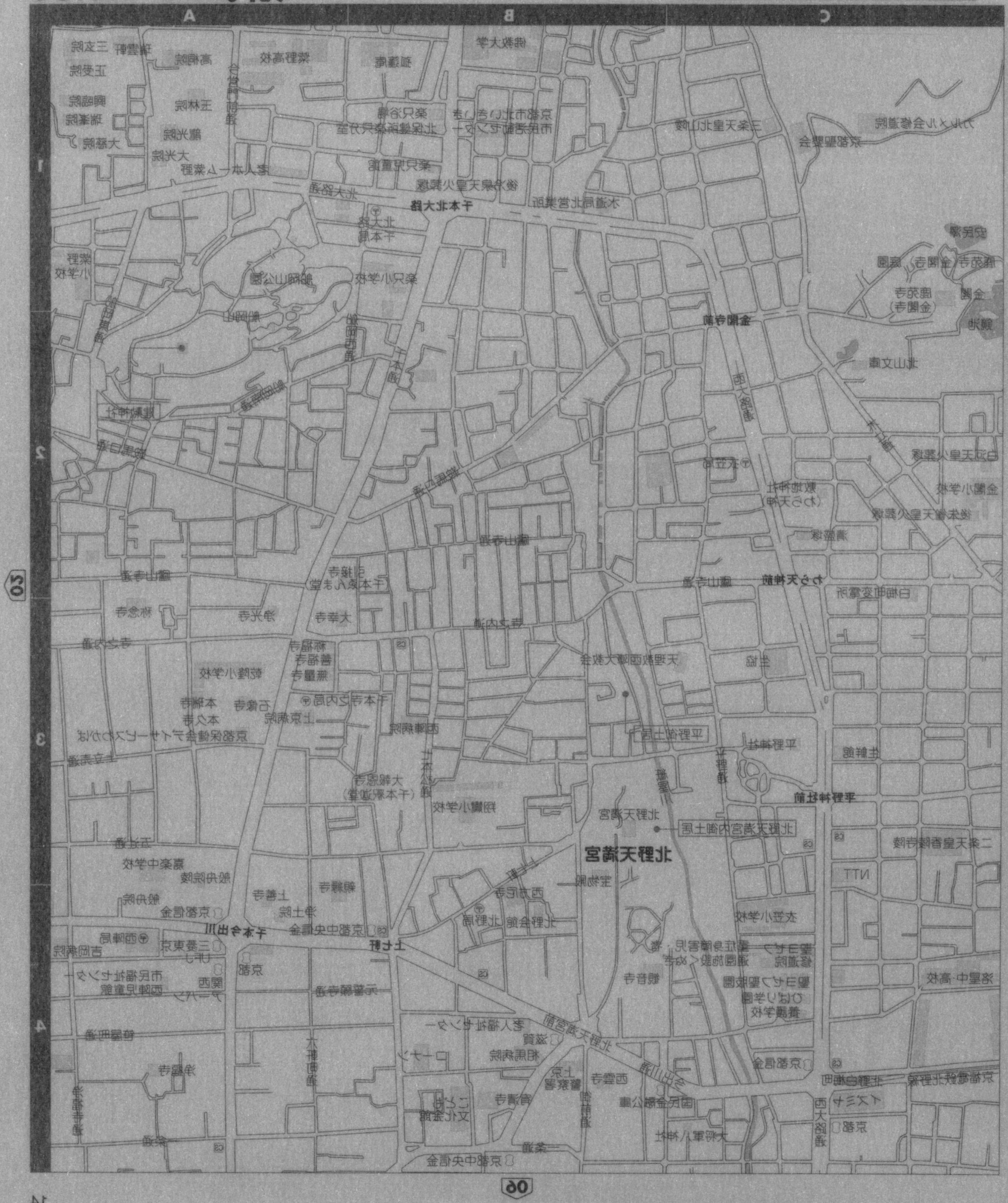
0 100 500m
A
B
C
1
2
3
4
02
06
佛教大学
紫野高校
高桐院
瑞雲軒
三玄院
正受院
興臨院
玉林院
瑞峯院
龍光院
大慈院
大光院
孤篷庵
楽只児童館
紫野老人ホーム
後冷泉天皇火葬塚
北大路通
千本北大路
水道局北営業所
三条天皇北山陵
カルメル会修道院
京都聖母会
紫野小学校
船岡山公園
楽只小学校
船岡山
金閣寺前
鹿苑寺(金閣寺)
庭園
鏡湖池
北山文庫
西大路通
衣笠局
建勲神社
鞍馬口通
敷地神社(わら天神)
金閣小学校
後朱雀天皇火葬塚
白河天皇火葬塚
木辻通
廬山寺通
わら天神前
白梅町変電所
引接寺(千本えんま堂)
浄光寺
大幸寺
寺之内通
善福寺
無量寺
乾隆小学校
本隆寺
石像寺
本久寺
上京病院
千本寺之内局
西陣病院
京都保健会デイサービスセンター
天理教西陣大教会
平野御土居
平野神社
平野神社前
北野天満宮
北野天満宮内御土居
二条天皇香隆寺陵
NTT
大報恩寺(千本釈迦堂)
翔鸞小学校
上立売通
五辻通
嘉楽中学校
般舟院陵
般舟院
京都信金
上善寺
浄土院
西方尼寺
北野会館
北野局
京都中央信金
千本今出川
上七軒
西陣局
吉岡病院
三菱東京UFJ
関西アーバン
市民福祉センター
西陣児童館
元誓願寺通
今出川通
老人福祉センター
滋賀
相馬病院
ローソン
七本松通
六軒町通
浄福寺
浄福寺通
一条通
上京警察署
西雲寺
御前通
国民金融公庫
大将軍八神社
衣笠小学校
観音寺
洛星中・高校
養護学校
イズミヤ
北野白梅町
京福電鉄北野線

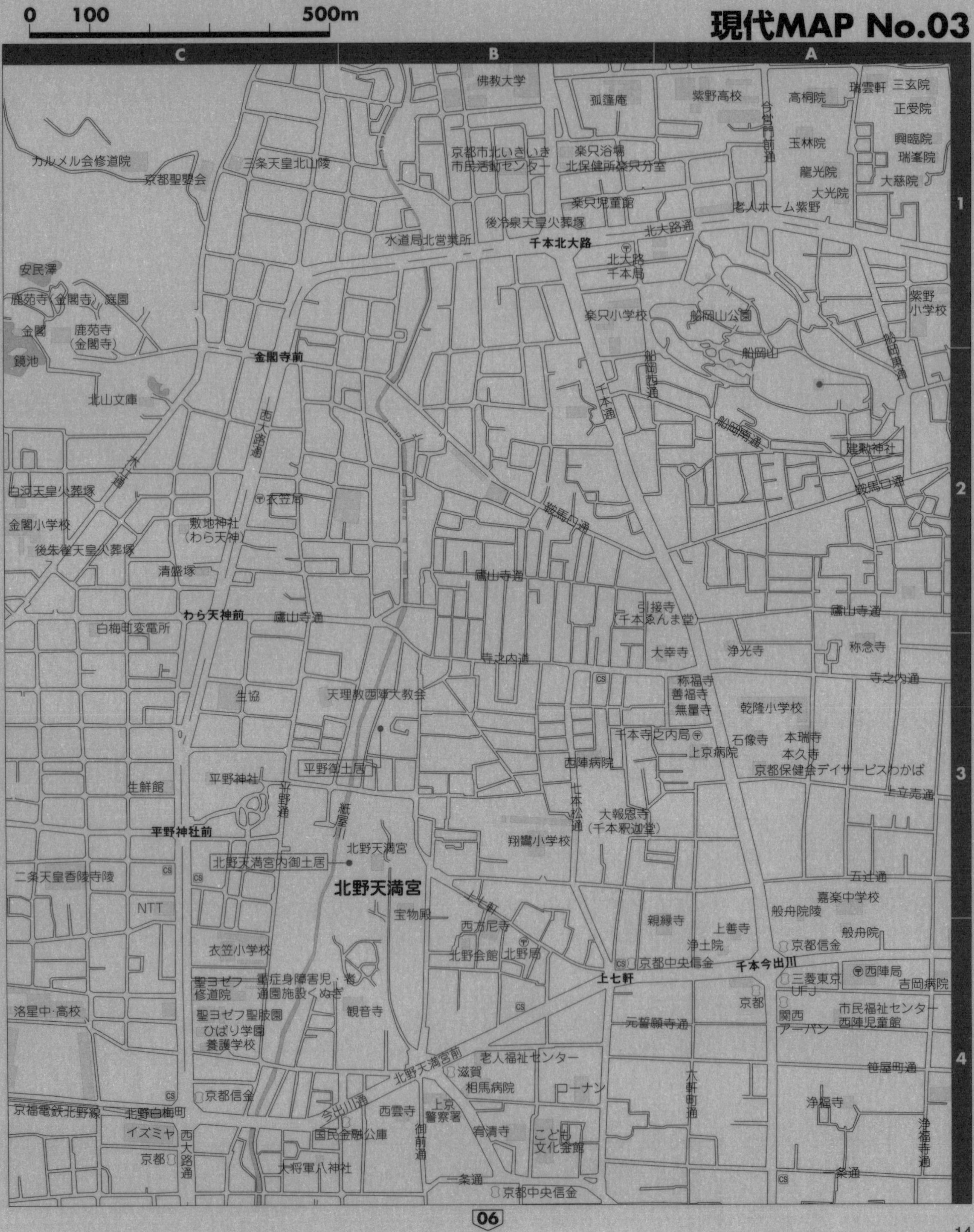
0 100 500m
C
B
A
1
2
3
4
02
06
佛教大学
孤篷庵
紫野高校
今宮門前通
高桐院
瑞雲軒
三玄院
正受院
興臨院
瑞峯院
玉林院
龍光院
大慈院
大光院
カルメル会修道院
京都聖嬰会
三条天皇北山陵
京都市北いきいき市民活動センター
楽只浴場
北保健所楽只分室
楽只児童館
後冷泉天皇火葬塚
老人ホーム紫野
水道局北営業所
千本北大路
北大路通
北大路千本局
安民澤
鹿苑寺（金閣寺）庭園
金閣
鹿苑寺（金閣寺）
鏡池
北山文庫
金閣寺前
楽只小学校
船岡山公園
船岡山
紫野小学校
船岡西通
船岡東通
千本通
西大路通
船岡南通
建勲神社
木辻通
白河天皇火葬塚
衣笠局
鞍馬口通
金閣小学校
敷地神社（わら天神）
後朱雀天皇火葬塚
清盛塚
廬山寺通
わら天神前
白梅町変電所
引接寺（千本ゑんま堂）
寺之内通
大幸寺
浄光寺
称念寺
生協
天理教西陣大教会
称福寺
善福寺
無量寺
乾隆小学校
千本寺之内局
石像寺
本瑞寺
本久寺
上京病院
西陣病院
平野御土居
京都保健会デイサービスわかば
平野神社
生鮮館
上立売通
七本松通
平野通
紙屋川
大報恩寺（千本釈迦堂）
翔鸞小学校
平野神社前
北野天満宮
北野天満宮内御土居
二条天皇香隆寺陵
五辻通
嘉楽中学校
北野天満宮
NTT
上七軒
宝物殿
西方尼寺
親縁寺
般舟院陵
上善寺
般舟院
浄土院
京都信金
衣笠小学校
北野会館
北野局
京都中央信金
千本今出川
西陣局
吉岡病院
聖ヨゼフ修道院
重症身障害児・者通園施設くぬぎ
上七軒
三菱東京UFJ
京都
洛星中･高校
観音寺
関西アーバン
市民福祉センター西陣児童館
聖ヨゼフ聖肢園
ひばり学園養護学校
元誓願寺通
老人福祉センター
北野天満宮前
笹屋町通
滋賀
相馬病院
ローナン
六軒町通
京都信金
京福電鉄北野線
北野白梅町
今出川通
西雲寺
上京警察署
浄福寺
イズミヤ
西大路通
国民金融公庫
御前通
有清寺
こども文化会館
浄福寺通
京都
大将軍八神社
一条通
一条通
京都中央信金

現代MAP No.04

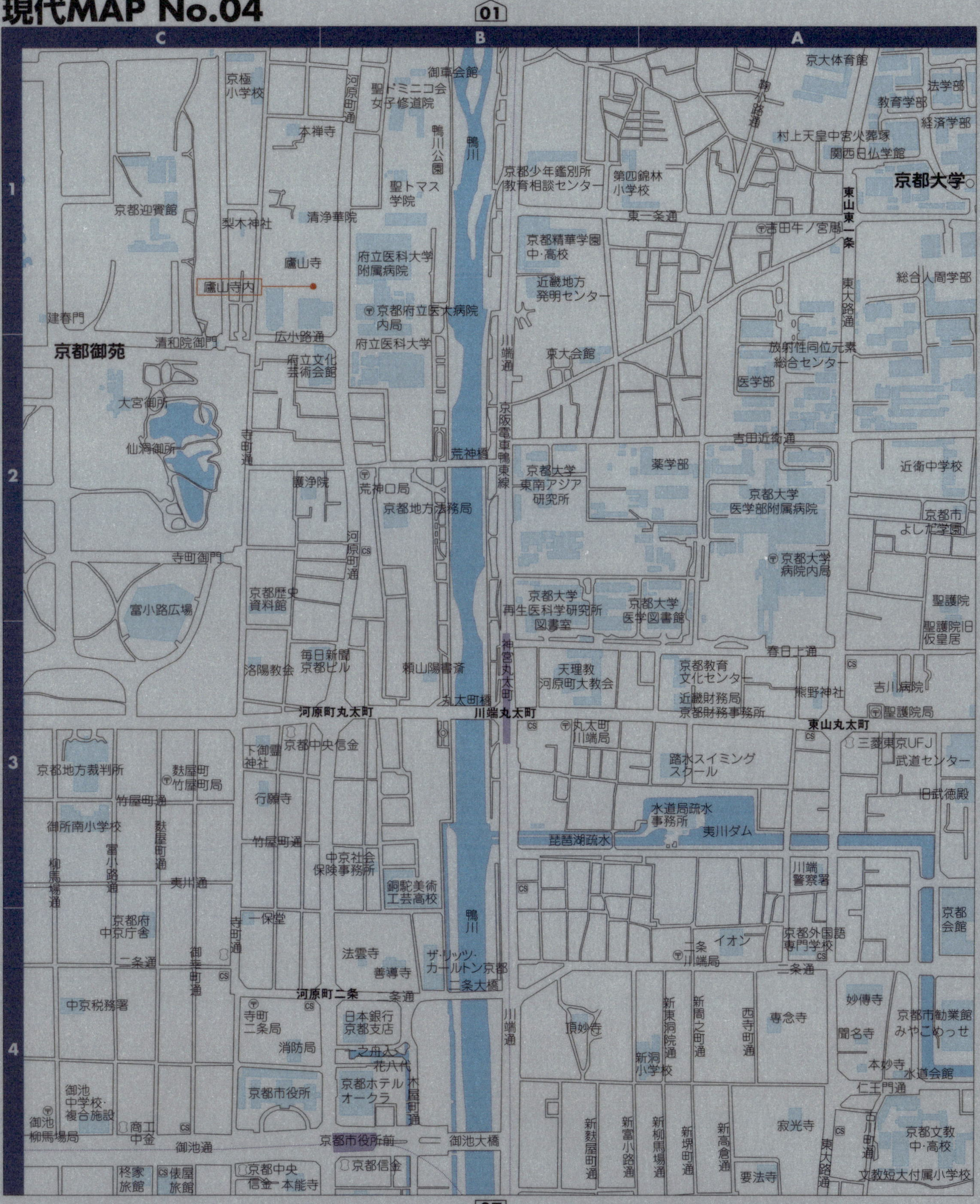

01
C
B
A
1
2
3
4
05
07
京極小学校
河原町通
聖ドミニコ会女子修道院
御車会館
京大体育館
法学部
教育学部
経済学部
今出川通
村上天皇中宮火葬塚
関西日仏学館
本禅寺
鴨川公園
鴨川
京都少年鑑別所教育相談センター
第四錦林小学校
京都大学
聖トマス学院
京都迎賓館
梨木神社
清浄華院
東一条通
吉田牛ノ宮局
東山東一条
京都精華学園中・高校
府立医科大学附属病院
廬山寺
廬山寺内
近畿地方発明センター
総合人間学部
東大路通
京都府立医大病院内局
建春門
広小路通
清和院御門
京都御苑
府立医科大学
川端通
東大会館
放射性同位元素総合センター
府立文化芸術会館
医学部
大宮御所
京阪電車鴨東線
寺町通
吉田近衛通
仙洞御所
荒神橋
京都大学東南アジア研究所
薬学部
近衛中学校
廬浄院
荒神口局
京都地方法務局
京都大学医学部附属病院
京都市よしだ学園
寺町御門
京都大学病院内局
京都歴史資料館
京都大学再生医科学研究所図書室
京都大学医学図書館
富小路広場
聖護院
聖護院旧仮皇居
春日上通
神宮丸太町
毎日新聞京都ビル
洛陽教会
頼山陽書斎
天理教河原町大教会
京都教育文化センター
近畿財務局京都財務事務所
熊野神社
吉川病院
丸太町橋
河原町丸太町
川端丸太町
東山丸太町
聖護院局
丸太町川端局
下御霊神社
京都中央信金
三菱東京UFJ
武道センター
京都地方裁判所
麩屋町竹屋町局
踏水スイミングスクール
旧武徳殿
竹屋町通
行願寺
水道局疏水事務所
御所南小学校
夷川ダム
琵琶湖疏水
麩屋町通
竹屋町通
中京社会保険事務所
柳馬場通
富小路通
夷川通
川端警察署
銅駝美術工芸高校
京都府中京庁舎
一保堂
京都会館
イオン
京都外国語専門学校
二条通
法雲寺
二条川端局
ザ・リッツ・カールトン京都
善導寺
二条大橋
御幸町通
中京税務署
河原町二条
二条通
妙傳寺
寺町二条局
日本銀行京都支店
新東洞院通
新間之町通
西寺町通
専念寺
京都市勧業館みやこめっせ
頂妙寺
聞名寺
消防局
一之舟入
花八代
新洞小学校
本妙寺
水道会館
御池中学校・複合施設
京都市役所
京都ホテルオークラ
木屋町通
仁王門通
御池柳馬場局
商工中金
新麩屋町通
新富小路通
新柳馬場通
新堺町通
新高倉通
寂光寺
川端町通
京都文教中・高校
御池通
京都市役所前
御池大橋
柊家旅館
俵屋旅館
京都中央信金
本能寺
京都信金
要法寺
東大路通
文教短大付属小学校

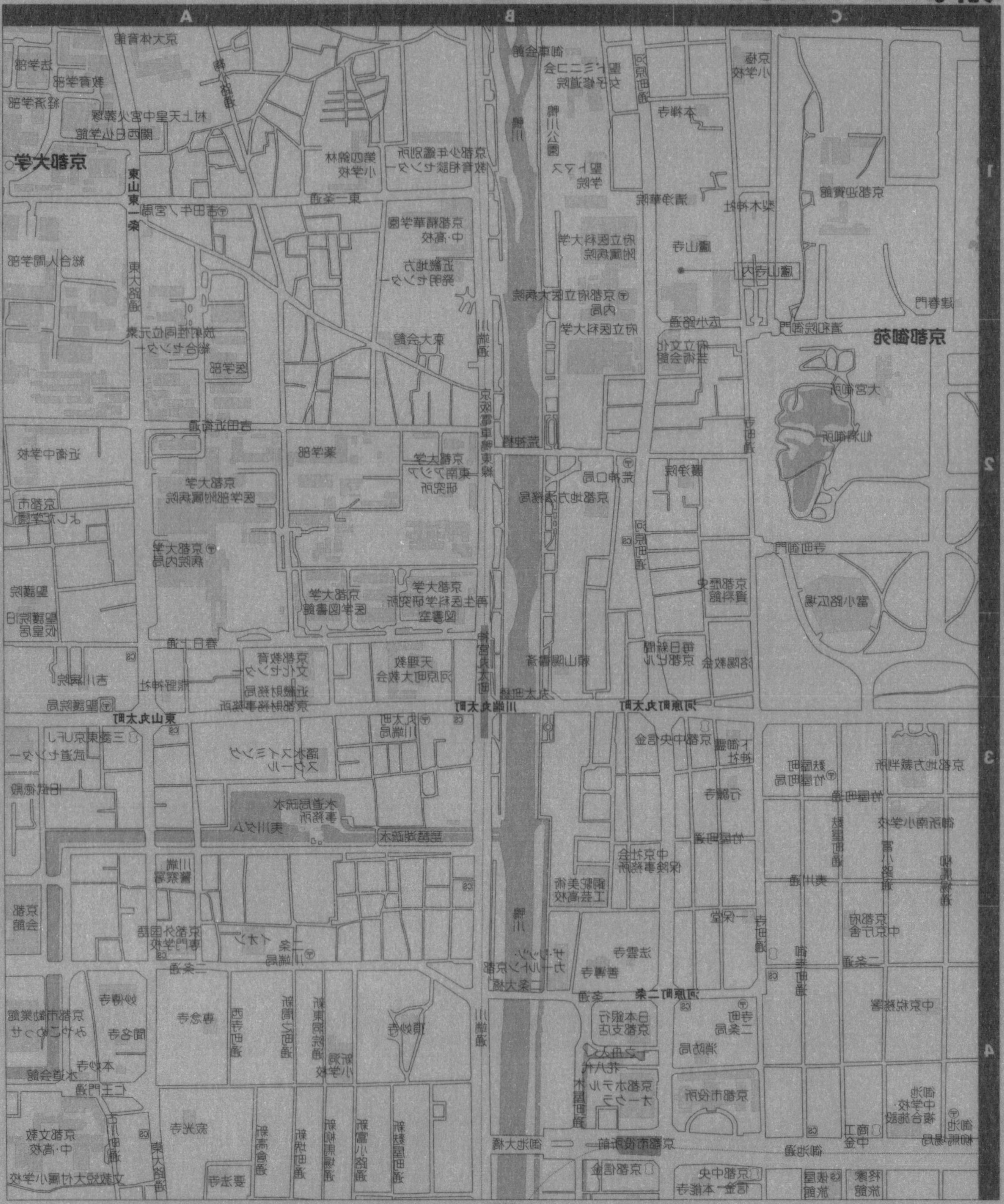
01
05
07
京都大学
京都御苑
鴨川
東山丸太町
川端丸太町
河原町丸太町
河原町二条
京都市役所
京都市役所前
御池大橋
京都府立医科大学
府立医科大学附属病院
京都府立医大病院
廬山寺
梨木神社
清浄華院
京都地方裁判所
京都地方法務局
御所南小学校
京都御苑
大宮御所
仙洞御所
富小路広場
京都歴史資料館
京都府中京庁舎
中京税務署
京都ホテルオークラ
日本銀行京都支店
京都近衛中学校
京都大学医学部附属病院
京都大学病院内
聖護院
熊野神社
吉田近衛通
東一条通
二条通
仁王門通
御池通
荒神橋
二条大橋
丸太町橋
寺町通
河原町通
川端通
東大路通
富小路通
柳馬場通
麩屋町通

安土桃山地図 No.04

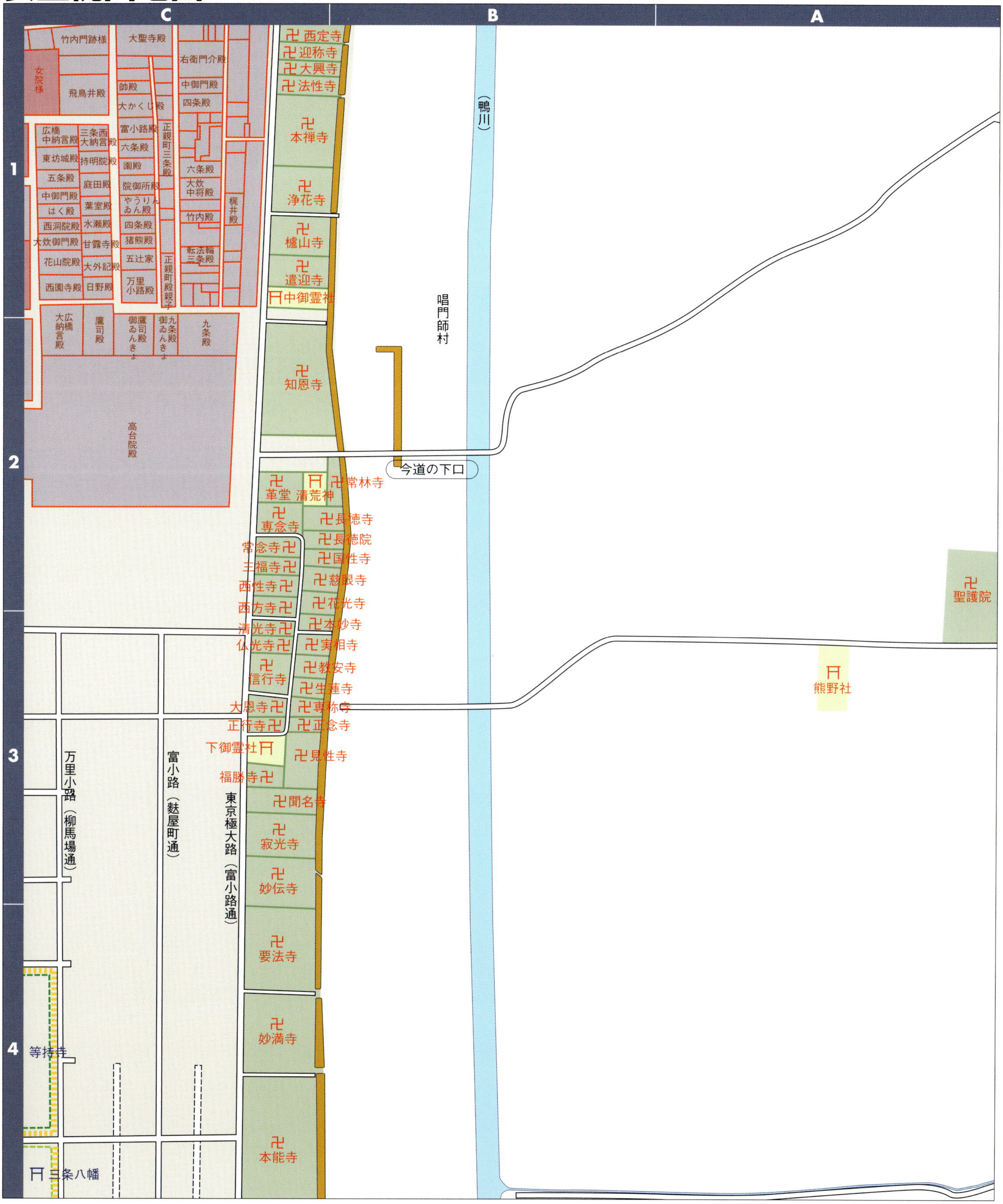
C
B
A
1
2
3
4
竹内門跡様
大聖寺殿
右衛門介殿
安院様
飛鳥井殿
帥殿
中御門殿
四条殿
大かくじ殿
広橋中納言殿
三条西大納言殿
富小路殿
六条殿
正親町三条殿
東坊城殿
持明院殿
園殿
六条殿
五条殿
庭田殿
院御所殿
大炊中将殿
中御門殿
葉室殿
やうりんゐん殿
はく殿
梶井殿
西洞院殿
水瀬殿
四条殿
竹内殿
大炊御門殿
甘露寺殿
猪熊殿
転法輪三条殿
花山院殿
大外記殿
五辻家
正親町殿親子
西園寺殿
日野殿
万里小路殿
大広納橋言殿
鷹司殿
御鷹ゐ司ん殿きょ
御九ゐ条ん殿きょ
九条殿
高台院殿
西定寺
迎称寺
大興寺
法性寺
本禅寺
浄花寺
檀山寺
遣迎寺
中御霊社
知恩寺
唱門師村
(鴨川)
今道の下口
革堂
清荒神
常林寺
専念寺
長徳寺
長徳院
常念寺
国性寺
三福寺
西性寺
慈眼寺
西方寺
花光寺
清光寺
本妙寺
仏光寺
実相寺
信行寺
教安寺
生蓮寺
大恩寺
専称寺
正行寺
正念寺
下御霊社
見性寺
福勝寺
聞名寺
寂光寺
妙伝寺
要法寺
妙満寺
本能寺
聖護院
熊野社
万里小路(柳馬場通)
富小路(麩屋町通)
東京極大路(富小路通)
等持寺
三条八幡

安土桃山地図 No.05

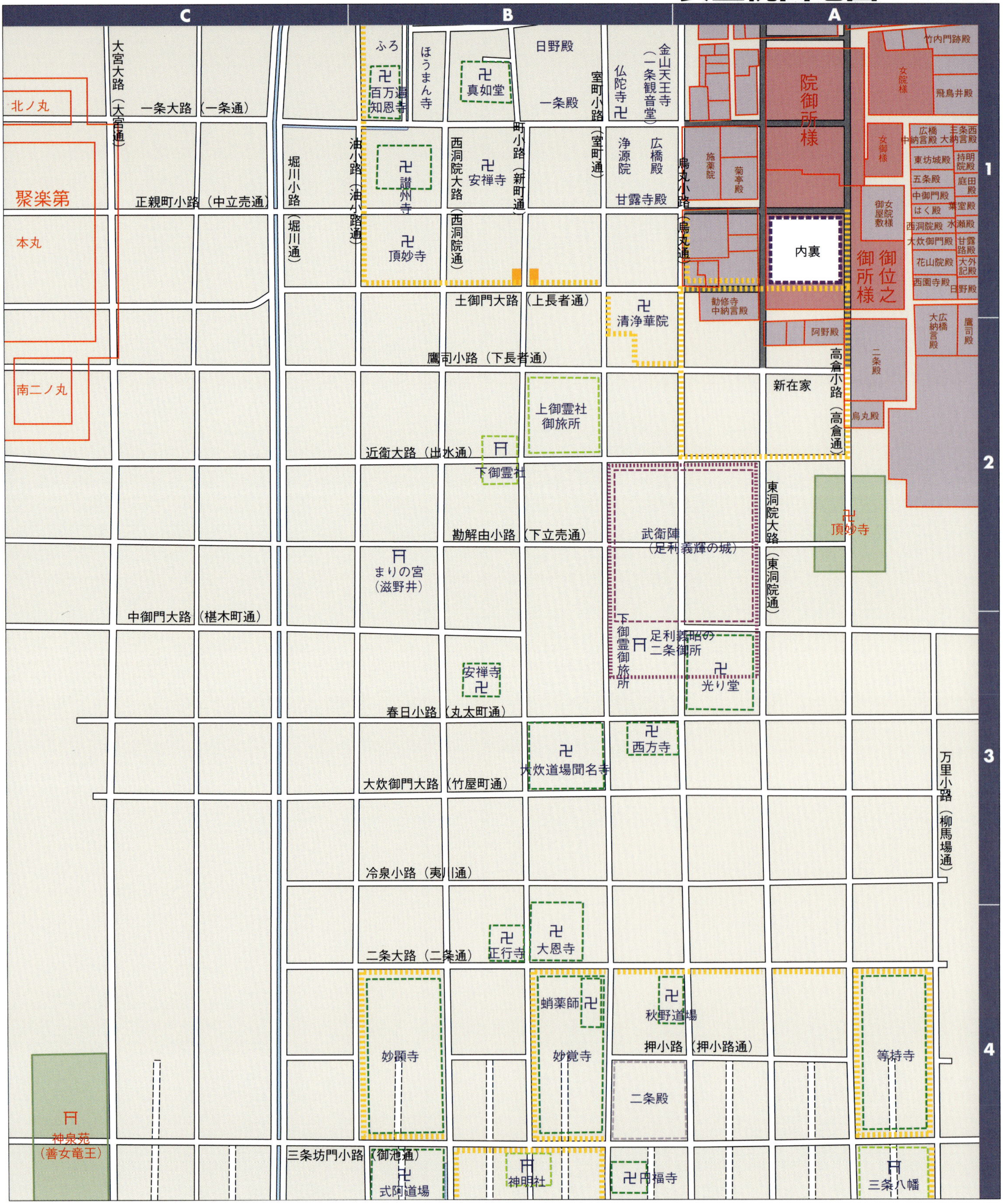
C
B
A
1
2
3
4
北ノ丸
聚楽第
本丸
南二ノ丸
大宮大路（大宮通）
一条大路（一条通）
正親町小路（中立売通）
堀川小路（堀川通）
油小路（油小路通）
ふろ
百万遍知恩寺
ほうまん寺
真如堂
日野殿
一条殿
室町小路（室町通）
仏陀寺
金山天王寺（一条観音堂）
西洞院大路（西洞院通）
町小路（新町通）
讃州寺
安禅寺
頂妙寺
浄源院
広橋殿
甘露寺殿
烏丸小路（烏丸通）
施薬院
菊亭殿
院御所様
女院様
竹内門跡殿
飛鳥井殿
女御様
広橋中納言殿
三条西大納言殿
東坊城殿
持明院殿
五条殿
庭田殿
中御門殿
はく殿
葉室殿
御女屋院敷様
西洞院殿
水瀬殿
大炊御門殿
甘露寺殿
花山院殿
大外記殿
西園寺殿
日野殿
内裏
御位之御所様
勧修寺中納言殿
阿野殿
大広橋納言殿
鷹司殿
二条殿
土御門大路（上長者通）
清浄華院
鷹司小路（下長者通）
高倉小路（高倉通）
新在家
烏丸殿
上御霊社御旅所
近衛大路（出水通）
下御霊社
東洞院大路（東洞院通）
頂妙寺
勘解由小路（下立売通）
武衛陣（足利義輝の城）
まりの宮（滋野井）
中御門大路（椹木町通）
下御霊御旅所
足利義昭の二条御所
光り堂
安禅寺
春日小路（丸太町通）
西方寺
大炊道場聞名寺
大炊御門大路（竹屋町通）
万里小路（柳馬場通）
冷泉小路（夷川通）
正行寺
大恩寺
二条大路（二条通）
蛸薬師
秋野道場
妙顕寺
妙覚寺
押小路（押小路通）
等持寺
二条殿
神泉苑（善女竜王）
三条坊門小路（御池通）
式阿道場
神明社
円福寺
三条八幡

0 100 500m

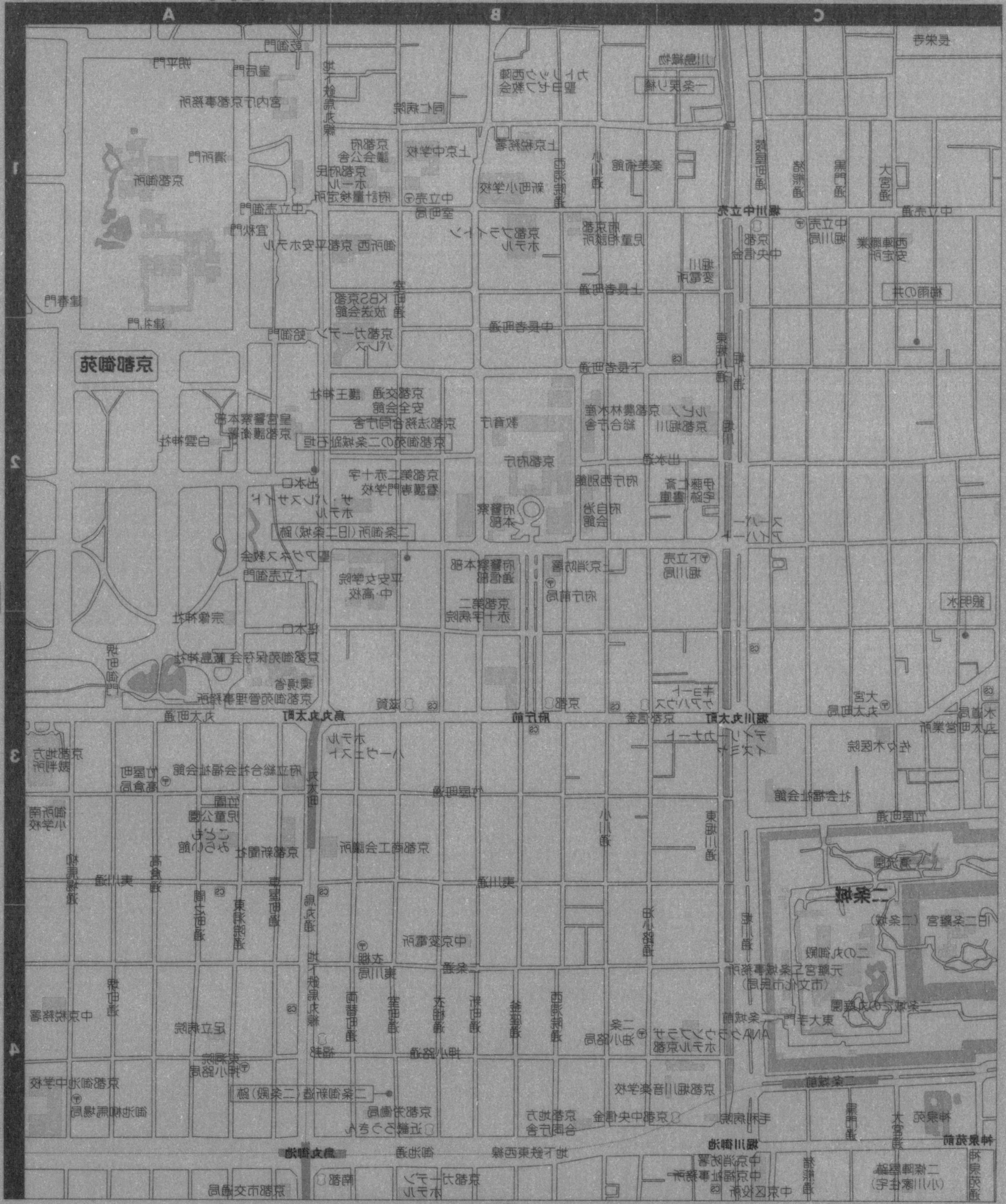
京都御苑
京都御所
二条城
京都府庁
府警察本部
堀川通
烏丸通
丸太町通
竹屋町通
夷川通
二条通
押小路通
御池通
中立売通
上長者町通
中長者町通
下長者町通
烏丸丸太町
堀川丸太町
府庁前
烏丸御池
堀川御池
神泉苑前
地下鉄東西線

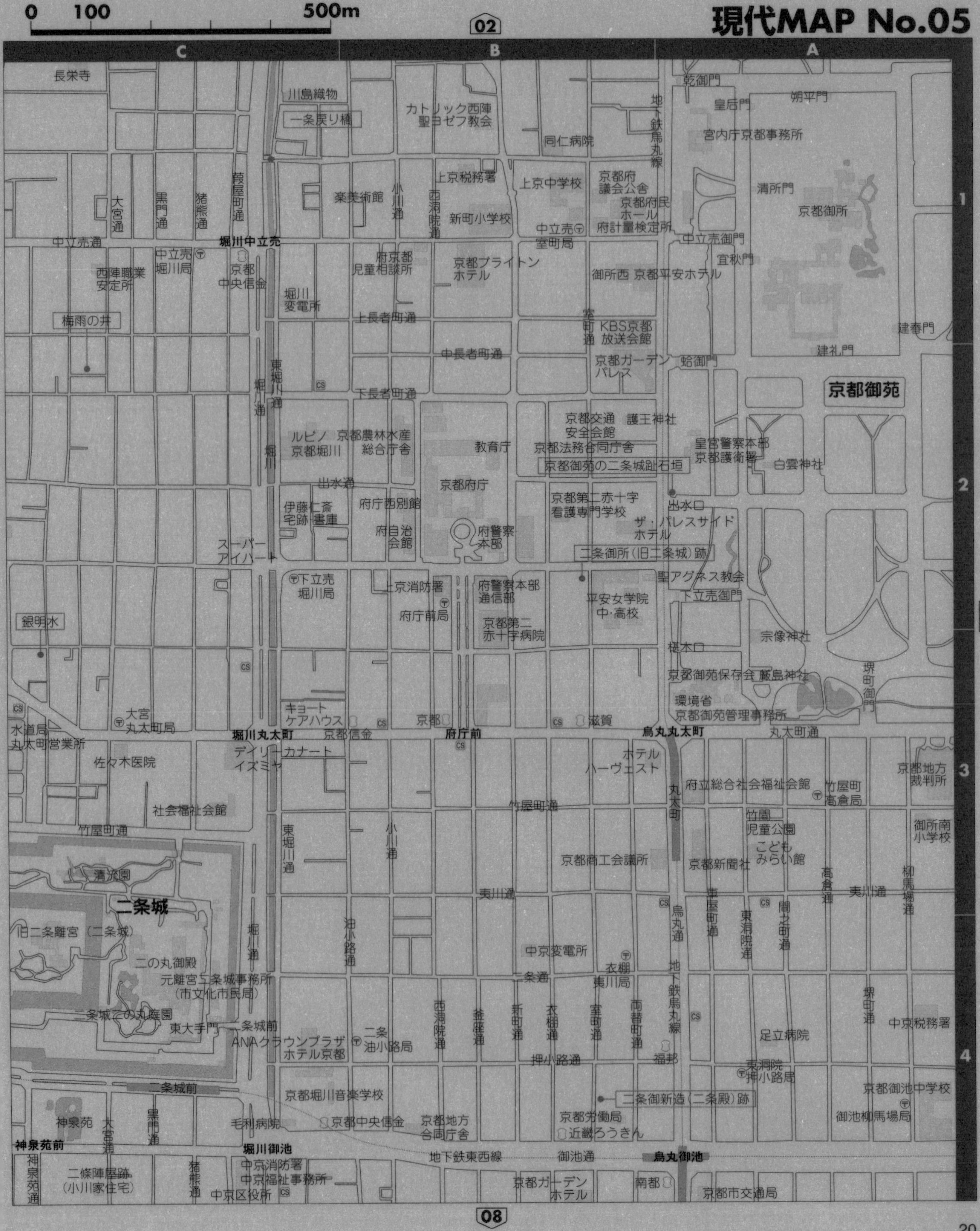
0
100
500m
02
C
B
A
長栄寺
川島織物
一条戻り橋
カトリック西陣
聖ヨゼフ教会
同仁病院
乾御門
皇后門
朔平門
宮内庁京都事務所
地下鉄烏丸線
大宮通
黒門通
猪熊通
葭屋町通
楽美術館
小川通
西洞院通
上京税務署
新町小学校
上京中学校
京都府
議会公舎
京都府民
ホール
府計量検定所
中立売
室町局
清所門
京都御所
中立売通
堀川中立売
中立売
堀川局
京都
中央信金
西陣職業
安定所
堀川
変電所
府京都
児童相談所
京都ブライトン
ホテル
御所西
京都平安ホテル
中立売御門
宜秋門
梅雨の井
上長者町通
室町通
KBS京都
放送会館
建春門
建礼門
中長者町通
京都ガーデン
パレス
蛤御門
京都御苑
東堀川通
堀川通
下長者町通
京都交通
安全会館
護王神社
ルビノ
京都堀川
京都農林水産
総合庁舎
教育庁
京都法務合同庁舎
皇宮警察本部
京都護衛署
京都御苑の二条城跡石垣
白雲神社
堀川
出水通
京都府庁
京都第二赤十字
看護専門学校
出水口
伊藤仁斎
宅跡
書庫
府庁西別館
府自治
会館
府警察
本部
ザ・パレスサイド
ホテル
スーパー
アイハート
二条御所（旧二条城）跡
聖アグネス教会
下立売
堀川局
上京消防署
府警察本部
通信部
下立売御門
平安女学院
中・高校
府庁前局
京都第二
赤十字病院
銀明水
宗像神社
椹木口
京都御苑保存会
厳島神社
堺町御門
環境省
京都御苑管理事務所
大宮
丸太町局
キョート
ケアハウス
京都
滋賀
水道局
丸太町営業所
堀川丸太町
京都信金
府庁前
烏丸丸太町
丸太町通
佐々木医院
デイリーカナート
イズミヤ
ホテル
ハーヴェスト
府立総合社会福祉会館
竹屋町
高倉局
京都地方
裁判所
社会福祉会館
竹屋町通
丸太町
竹間
児童公園
こども
みらい館
御所南
小学校
東堀川通
小川通
京都商工会議所
京都新聞社
清流園
二条城
夷川通
高倉通
夷川通
柳馬場通
烏丸通
車屋町通
東洞院通
間之町通
旧二条離宮（二条城）
油小路通
堀川通
二の丸御殿
中京変電所
元離宮二条城事務所
（市文化市民局）
二条通
衣棚
東川局
地下鉄烏丸線
堺町通
中京税務署
二条城二の丸庭園
西洞院通
釜座通
新町通
衣棚通
室町通
両替町通
東大手門
二条城前
ANAクラウンプラザ
ホテル京都
二条
油小路局
足立病院
押小路通
福邦
東洞院
押小路局
二条城前
京都堀川音楽学校
二条御新造（二条殿）跡
京都御池中学校
神泉苑
大宮通
黒門通
毛利病院
京都中央信金
京都地方
合同庁舎
京都労働局
近畿ろうきん
御池柳馬場局
神泉苑前
堀川御池
地下鉄東西線
御池通
烏丸御池
神泉苑通
二條陣屋跡
（小川家住宅）
猪熊通
中京消防署
中京福祉事務所
中京区役所
京都ガーデン
ホテル
南都
京都市交通局
08
04
1
2
3
4

現代MAP No.06

03

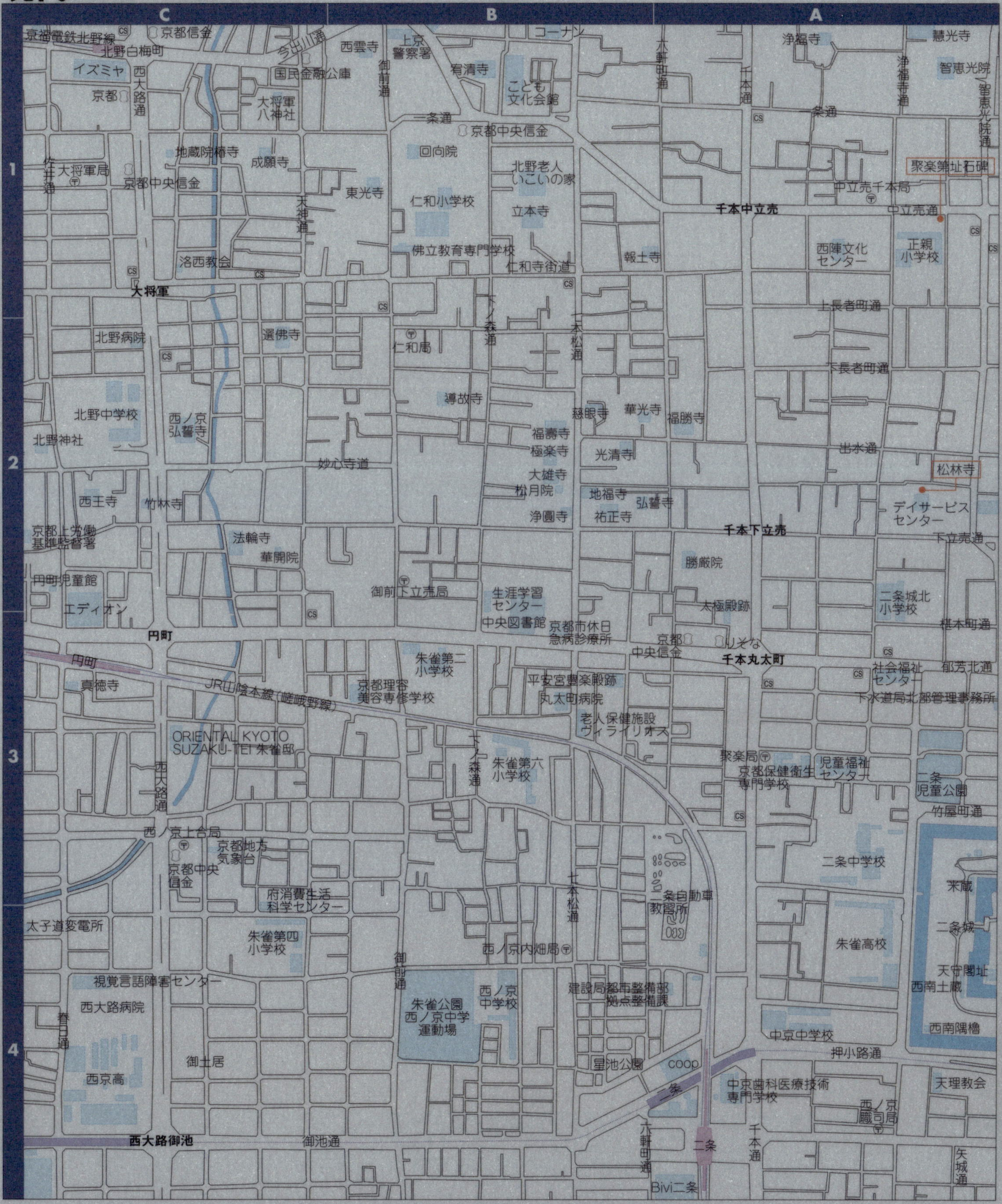

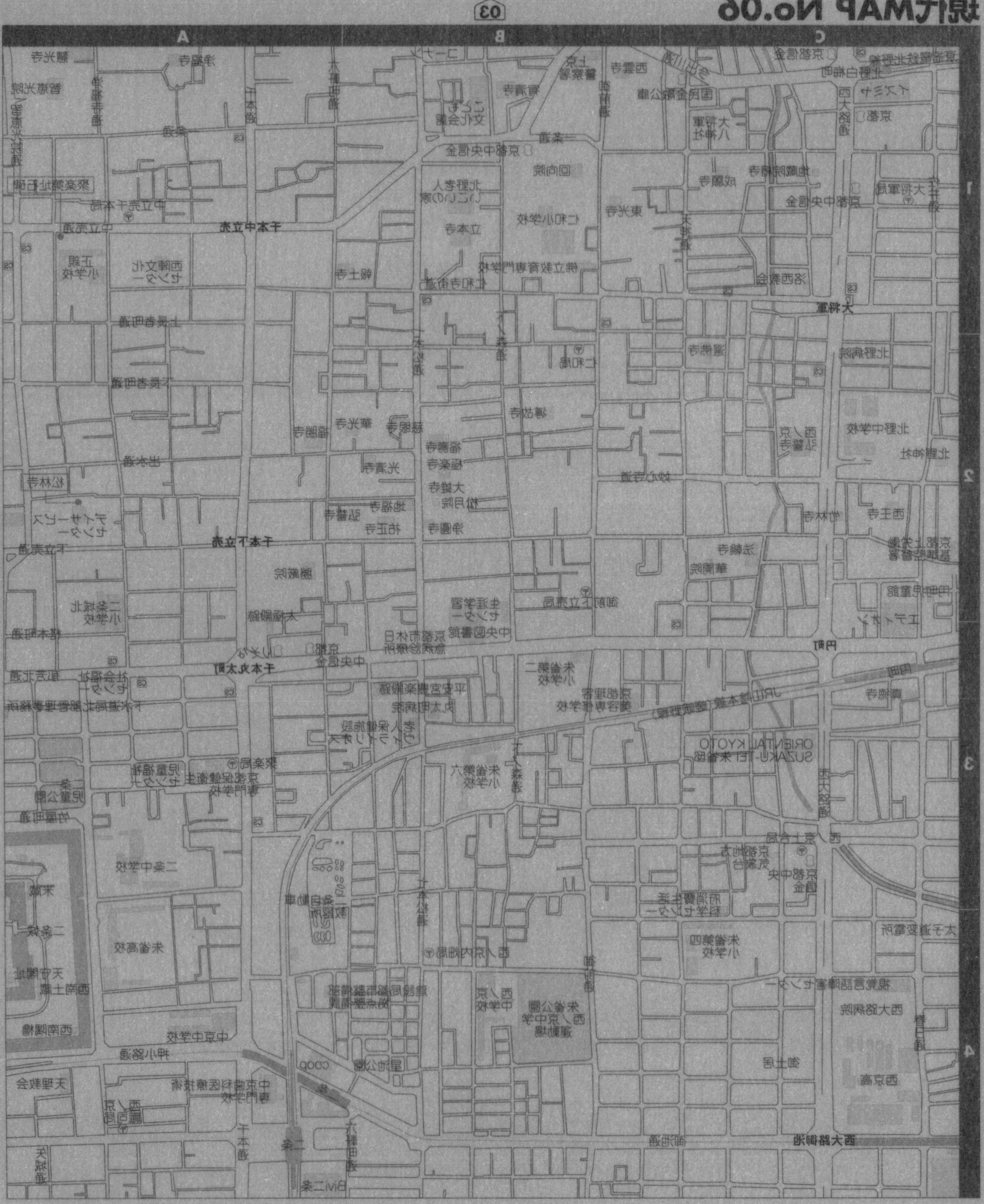
03
A
B
C
1
2
3
4
千本中立売
千本下立売
千本丸太町
円町
大将軍
西大路御池
北野中学校
北野病院
北野神社
仁和小学校
二条城
二条中学校
朱雀高校
朱雀公園
西ノ京中学校
西京高
JR山陰本線（嵯峨野線）
ORIENTAL KYOTO SUZAKU-TEI 朱雀邸
京都中央信金
押小路通
御池通
千本通
太子道変電所
西大路病院
天理教会
Bivi二条
二条

安土桃山地図 No.06

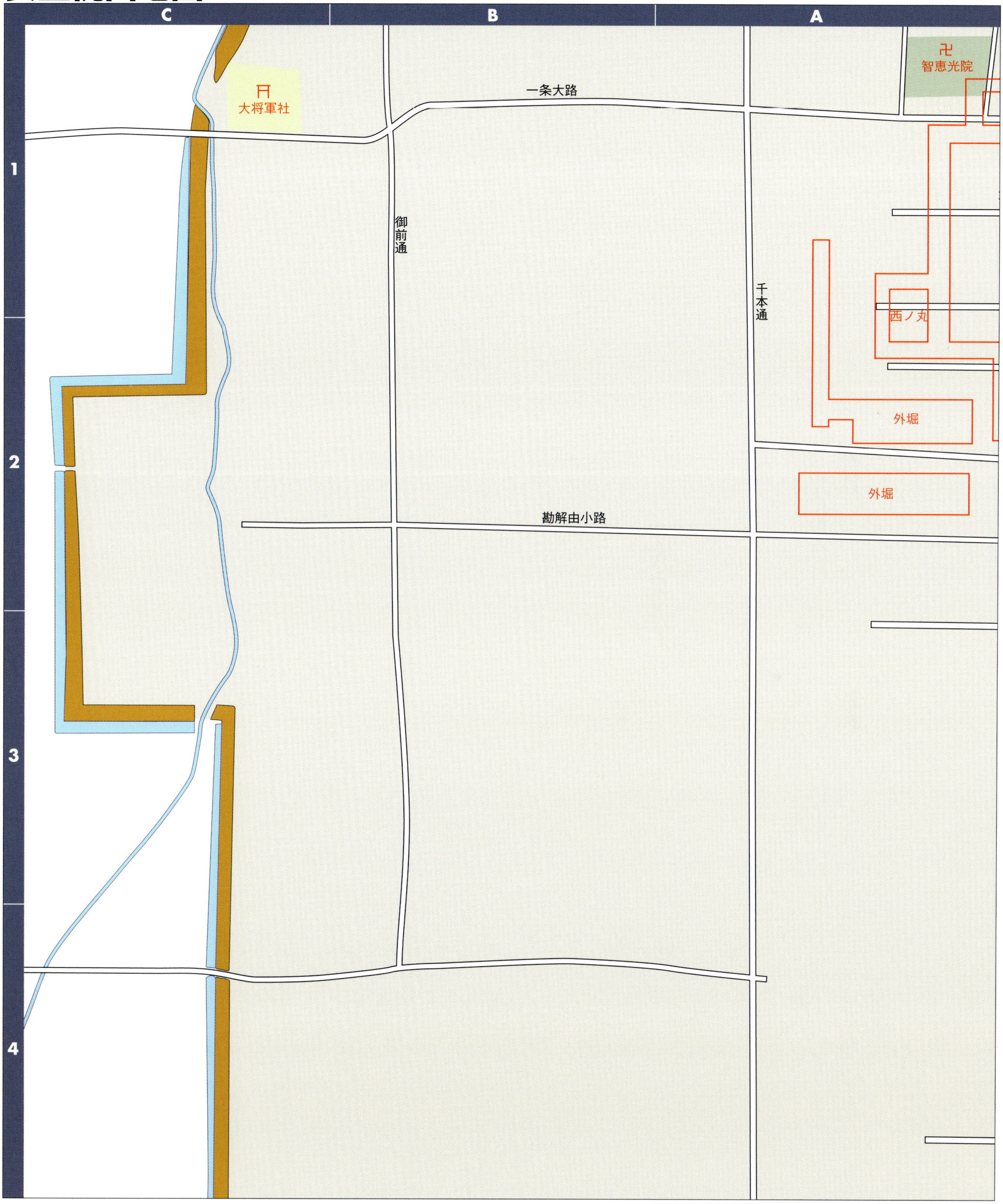

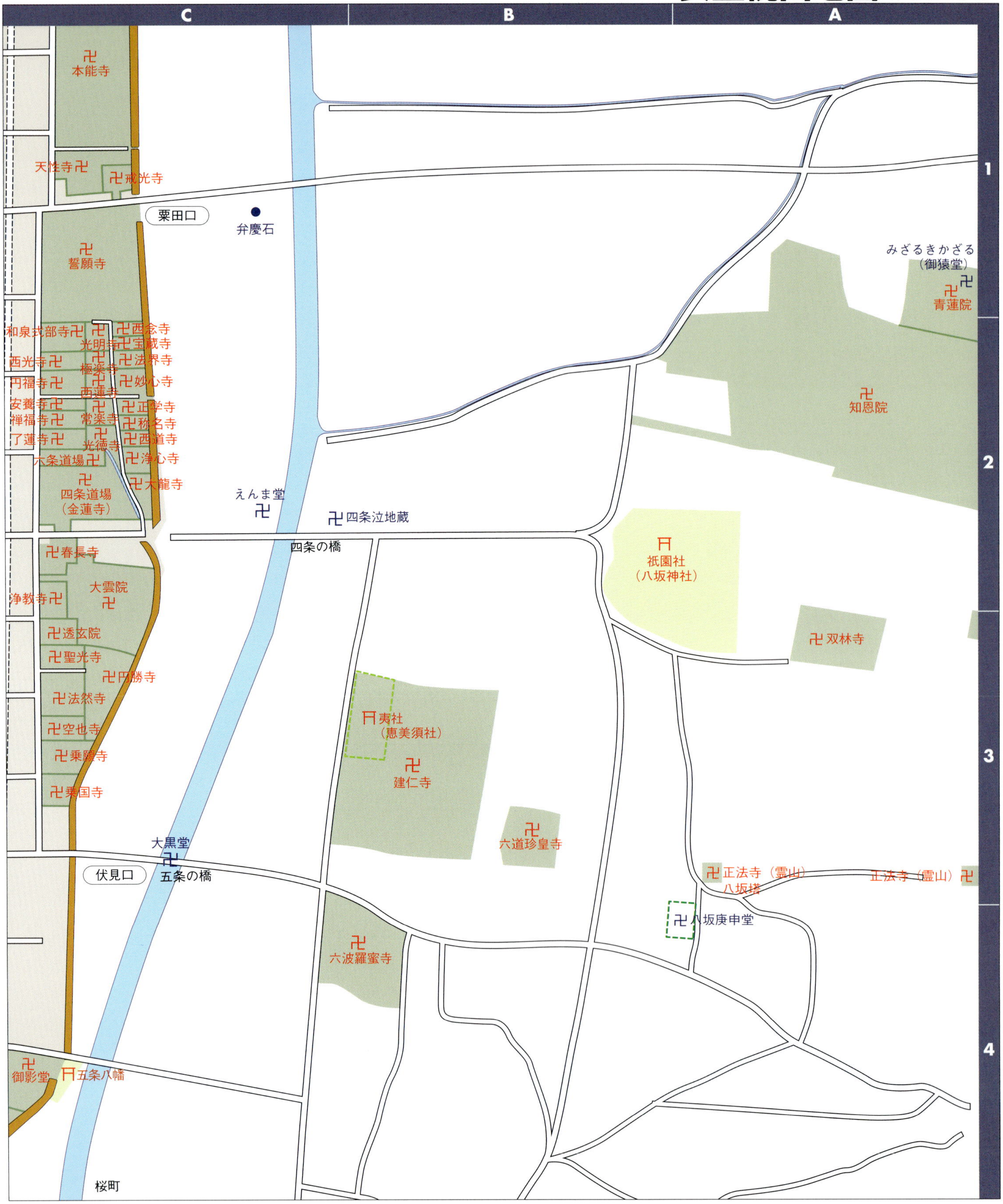
C
B
A
1
2
3
4
本能寺
天性寺
戒光寺
粟田口
弁慶石
誓願寺
和泉式部寺
西念寺
光明寺
宝蔵寺
西光寺
法界寺
極楽寺
円福寺
妙心寺
西蓮寺
安養寺
正学寺
禅福寺
常楽寺
称名寺
了蓮寺
西道寺
光徳寺
六条道場
浄心寺
大龍寺
四条道場
（金蓮寺）
えんま堂
四条泣地蔵
四条の橋
春長寺
大雲院
浄教寺
透玄院
聖光寺
円勝寺
法然寺
空也寺
乗願寺
乗国寺
大黒堂
伏見口
五条の橋
御影堂
五条八幡
桜町
みざるきかざる
（御猿堂）
青蓮院
知恩院
祇園社
（八坂神社）
双林寺
夷社
（恵美須社）
建仁寺
六道珍皇寺
六波羅蜜寺
正法寺（霊山）
八坂塔
正法寺（霊山）
八坂庚申堂

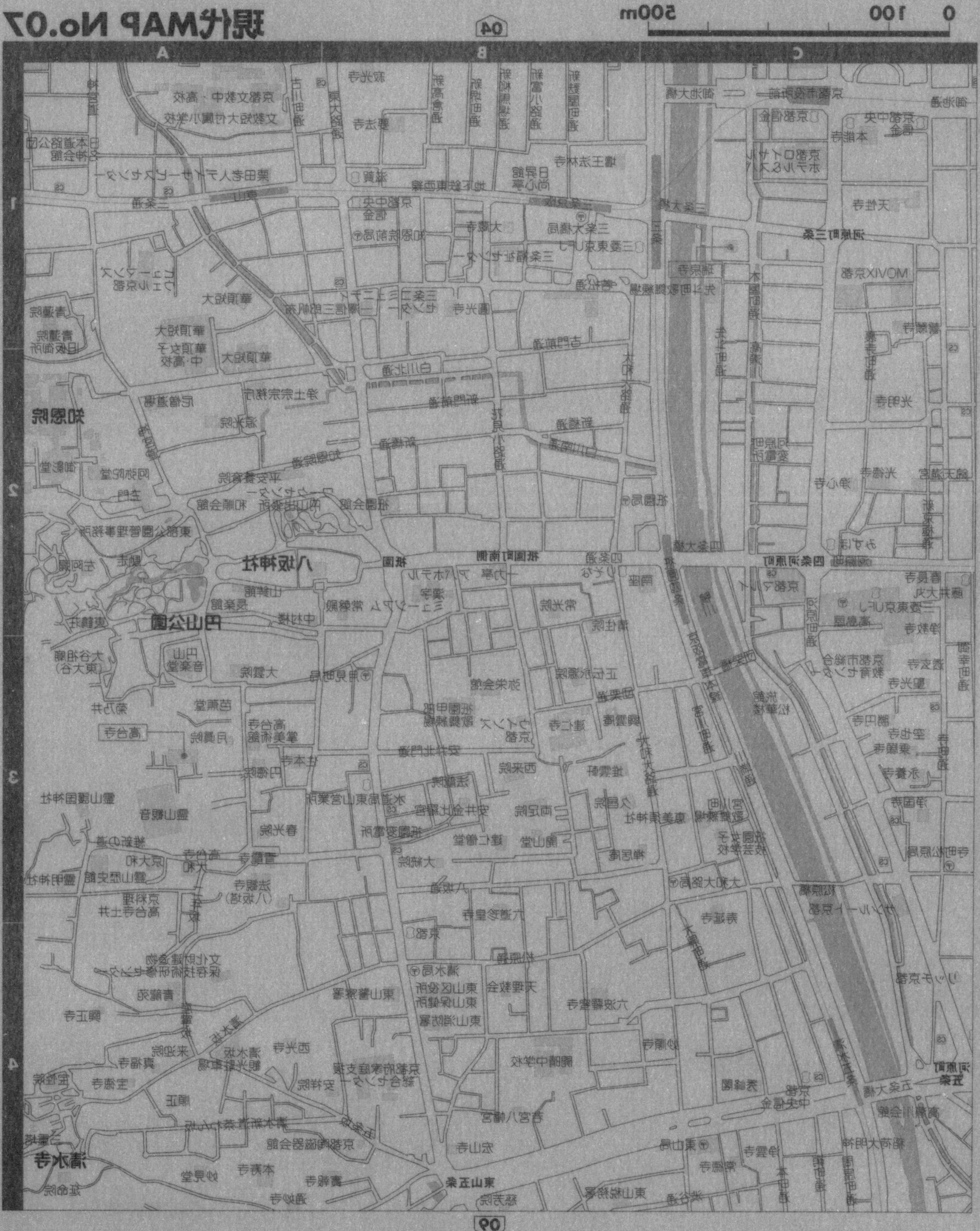
0 100 500m
04
八坂神社
円山公園
知恩院
清水寺
祇園
四条河原町
河原町三条
河原町五条
東山五条
京都市役所前
三条大橋
四条大橋
五条大橋
御池大橋
高台寺
MOVIX京都
09

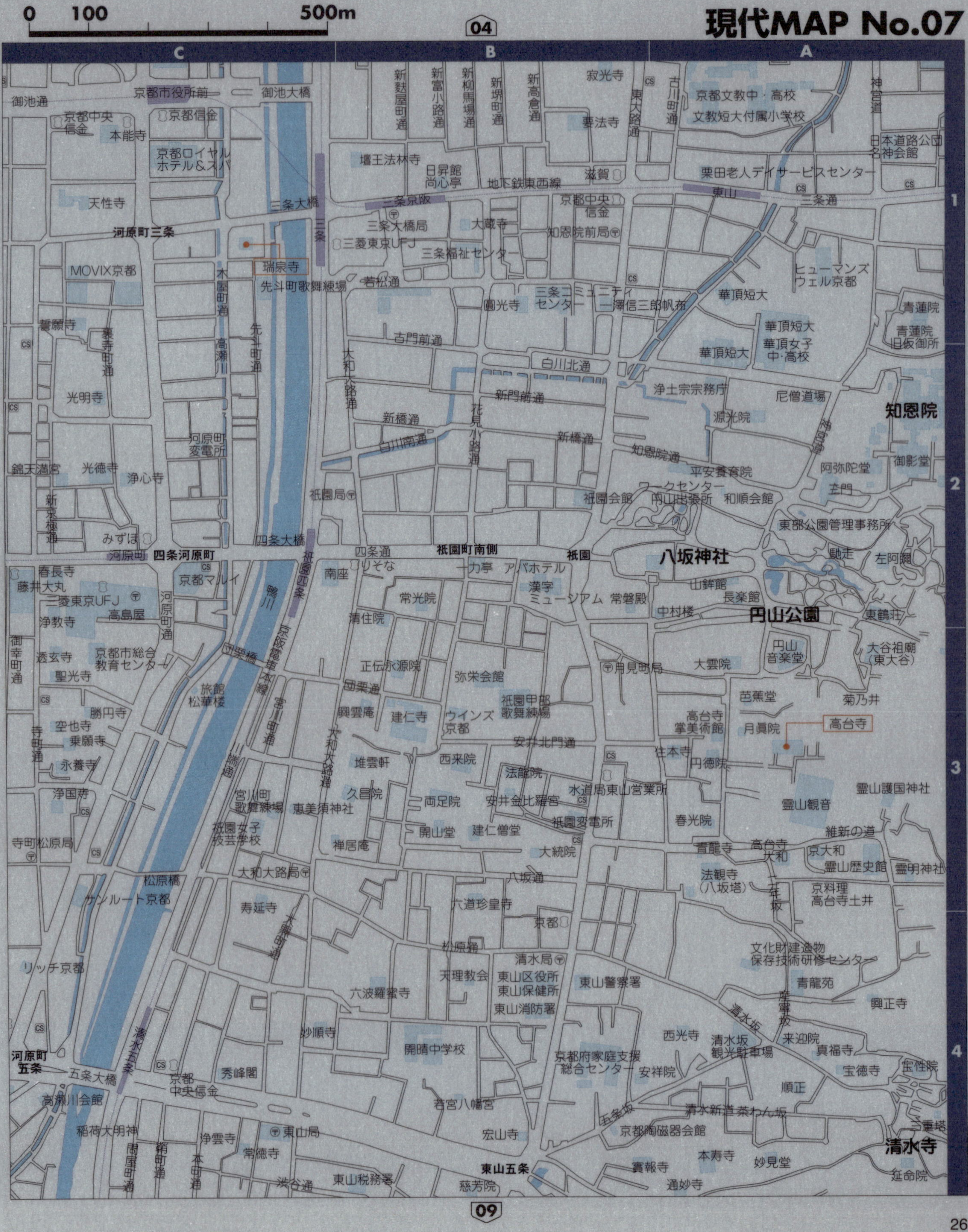
0 100 500m
04
C
B
A
1
2
3
4
御池通
京都市役所前
御池大橋
京都中央信金
京都信金
本能寺
京都ロイヤルホテル&スパ
天性寺
河原町三条
三条大橋
三条京阪
三条
瑞泉寺
MOVIX京都
先斗町歌舞練場
誓願寺
東寺町通
木屋町通
高瀬川
先斗町通
光明寺
河原町変電所
錦天満宮
光徳寺
浄心寺
新京極通
みずほ
河原町
四条河原町
四条大橋
春長寺
藤井大丸
京都マルイ
三菱東京UFJ
高島屋
浄教寺
御幸町通
河原町通
透玄寺
京都市総合教育センター
聖光寺
勝円寺
空也寺
乗願寺
寺町通
永養寺
浄国寺
寺町松原局
松原橋
サンルート京都
リッチ京都
河原町五条
五条大橋
高瀬川会館
稲荷大明神
問屋町通
鍵町通
本町通
新麩屋町通
新富小路通
新柳馬場通
新堺町通
新高倉通
寂光寺
東大路通
古川町通
妻法寺
壇王法林寺
日昇館尚心亭
地下鉄東西線
滋賀
京都中央信金
三条大橋局
三菱東京UFJ
三条福祉センター
大蔵寺
知恩院前局
若松通
圓光寺
三条コミュニティセンター
一澤信三郎帆布
古門前通
大和大路通
白川北通
新門前通
花見小路通
新橋通
白川南通
知恩院通
祇園局
四条通
りそな
祇園町南側
祇園
一力亭
アパホテル
漢字ミュージアム
常磐殿
南座
祇園四条
鴨川
京阪電鉄本線
常光院
清住院
正伝永源院
団栗橋
団栗通
旅館松華楼
宮川町通
弥栄会館
祇園甲部歌舞練場
両雲庵
建仁寺
ウインズ京都
安井北門通
堆雲軒
西来院
久昌院
両足院
宮川町歌舞練場
恵美須神社
祇園女子技芸学校
禅居庵
開山堂
建仁僧堂
法龍院
安井金比羅宮
祇園変電所
大統院
大和大路局
八坂通
寿延寺
六道珍皇寺
京都
松原通
清水局
天理教会
東山区役所
東山保健所
東山消防署
六波羅蜜寺
東山警察署
妙順寺
開晴中学校
京都府家庭支援総合センター
秀峰閣
京都中央信金
若宮八幡宮
浄雲寺
東山局
常徳寺
宏山寺
東山五条
渋谷通
東山税務署
慈芳院
京都文教中・高校
文教短大付属小学校
日本道路公団名神会館
栗田老人デイサービスセンター
東山
三条通
ヒューマンズウェル京都
華頂短大
華頂女子中・高校
青蓮院
青蓮院旧仮御所
浄土宗宗務庁
尼僧道場
源光院
知恩院
平安養育院
阿弥陀堂
御影堂
ワークセンター
祇園会館
円山出張所
和順会館
三門
東部公園管理事務所
八坂神社
左阿弥
山鉾館
長楽館
中村楼
円山公園
東観荘
円山音楽堂
大谷祖廟(東大谷)
大雲院
月見町局
芭蕉堂
菊乃井
高台寺掌美術館
月眞院
高台寺
住本寺
円徳院
水道局東山営業所
霊山護国神社
霊山観音
春光院
維新の道
青龍寺
高台寺大和
京大和
霊山歴史館
霊明神社
法観寺(八坂塔)
二年坂
京料理高台寺土井
文化財建造物保存技術研修センター
青龍苑
興正寺
産寧坂
清水坂
来迎院
西光寺
清水坂観光駐車場
真福寺
安祥院
宝徳寺
宝性院
順正
五条坂
清水新道茶わん坂
京都陶磁器会館
三重塔
清水寺
本寿寺
妙見堂
實報寺
通妙寺
延命院
09

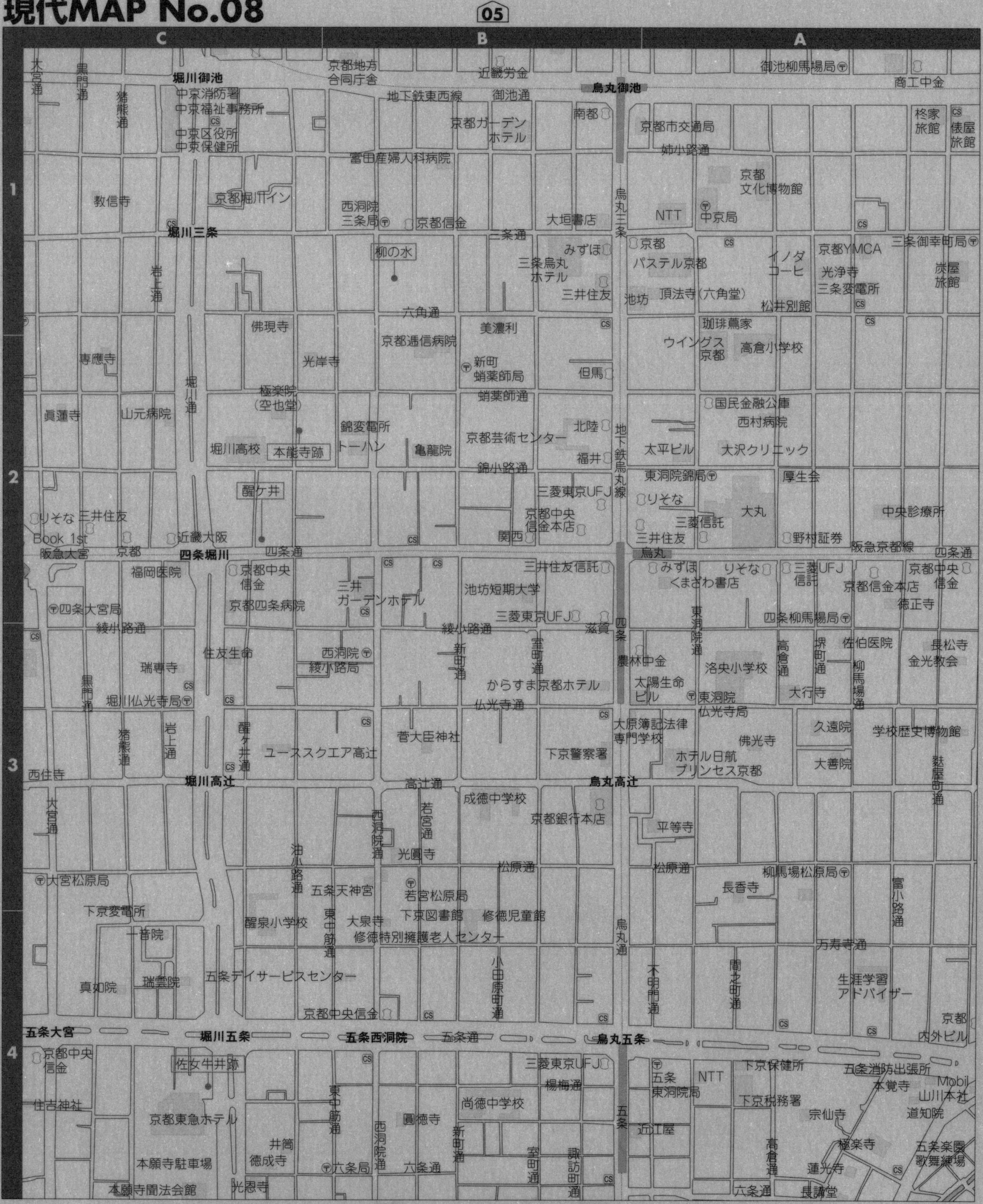
05
C
B
A
1
2
3
4
大宮通
黒門通
堀川御池
中京消防署
中京福祉事務所
中京区役所
中京保健所
猪熊通
京都地方合同庁舎
近畿労金
地下鉄東西線
御池通
烏丸御池
御池柳馬場局
商工中金
京都ガーデンホテル
南部
京都市交通局
柊家旅館
俵屋旅館
富田産婦人科病院
姉小路通
教信寺
京都堀川イン
西洞院三条局
京都信金
大垣書店
烏丸三条
NTT
中京局
京都文化博物館
堀川三条
二条通
みずほ
京都
パステル京都
イノダコーヒ
京都YMCA
三条御幸町局
炭屋旅館
柳の水
三条烏丸ホテル
三井住友
池坊
頂法寺(六角堂)
光浄寺
三条変電所
岩上通
六角通
松井別館
佛現寺
美濃利
珈琲蔦家
ウイングス京都
高倉小学校
京都通信病院
専應寺
光岸寺
新町蛸薬師局
但馬
堀川通
極楽院(空也堂)
蛸薬師通
国民金融公庫
眞蓮寺
山元病院
錦変電所
京都芸術センター
北陸
西村病院
トーハン
亀龍院
地下鉄烏丸線
太平ビル
大沢クリニック
堀川高校
本能寺跡
福井
錦小路通
東洞院錦局
厚生会
醒ケ井
三菱東京UFJ
りそな
京都中央信金本店
三菱信託
大丸
中央診療所
りそな
三井住友
Book 1st
近畿大阪
関西
三井住友
野村証券
阪急京都線
阪急大宮
京都
四条堀川
四条通
烏丸
四条通
福岡医院
京都中央信金
三井住友信託
みずほ
りそな
三菱UFJ信託
京都中央信金
三井ガーデンホテル
池坊短期大学
くまざわ書店
京都信金本店
四条大宮局
京都四条病院
三菱東京UFJ
四条柳馬場局
徳正寺
綾小路通
綾小路通
東洞院通
滋賀
四条
高倉通
堺町通
佐伯医院
長松寺
瑞専寺
住友生命
西洞院綾小路局
新町通
室町通
農林中金
洛央小学校
柳馬場通
金光教会
黒門通
からすま京都ホテル
太陽生命ビル
東洞院仏光寺局
大行寺
堀川仏光寺局
仏光寺通
醒ケ井通
大原簿記法律専門学校
久遠院
学校歴史博物館
猪熊通
岩上通
ユースクエア高辻
菅大臣神社
佛光寺
下京警察署
ホテル日航プリンセス京都
大善院
西住寺
堀川高辻
高辻通
烏丸高辻
麩屋町通
大宮通
成徳中学校
若宮通
京都銀行本店
平等寺
西洞院通
油小路通
光圓寺
松原通
松原通
柳馬場松原局
大宮松原局
五条天神宮
若宮松原局
長香寺
富小路通
下京変電所
東中筋通
大泉寺
下京図書館
修徳児童館
醒泉小学校
一音院
修徳特別擁護老人センター
烏丸通
万寿寺通
小田原町通
不明門通
間之町通
真如院
瑞雲院
五条デイサービスセンター
生涯学習アドバイザー
京都中央信金
五条大宮
堀川五条
五条西洞院
五条通
烏丸五条
京都内外ビル
京都中央信金
佐女牛井跡
三菱東京UFJ
五条東洞院局
NTT
下京保健所
五条消防出張所
Mobil
楊梅通
本覚寺
山川本社
住吉神社
尚徳中学校
下京税務署
京都東急ホテル
東中筋通
圓徳寺
五条
宗仙寺
道知院
近江屋
井筒
新町通
高倉通
極楽寺
五条楽園歌舞練場
本願寺駐車場
徳成寺
西洞院通
六条局
六条通
室町通
諏訪町通
蓮光寺
本願寺聞法会館
光恩寺
六条通
長講堂
10
09

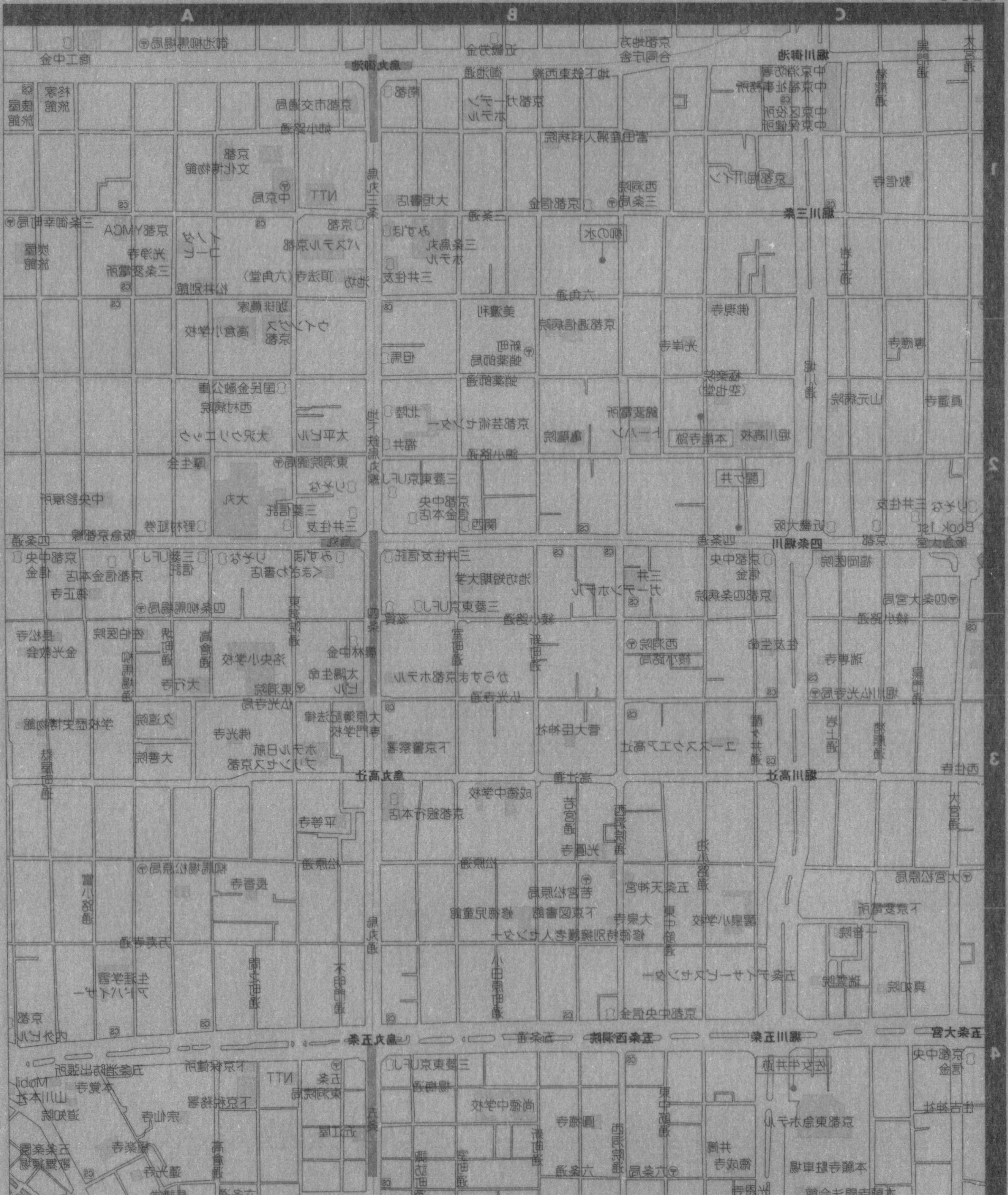

05
A
B
C
商工中金
御池柳馬場局
近畿労金
京都地方合同庁舎
堀川御池
烏丸御池
御池通
地下鉄東西線
京都市交通局
京都ガーデンホテル
中京消防署
中京福祉事務所
中京区役所
中京保健所
富田産婦人科病院
京都文化博物館
中京局
NTT
大垣書店
京都信金
西洞院三条局
堀川三条
京都堀川イン
教信寺
三条通
京都YMCA
三条御幸町局
京都パステル京都
三条烏丸ホテル
柳の水
光浄寺
三条交番
三井住友
池坊
頂法寺（六角堂）
松井別館
六角通
佛現寺
美濃利
京都通信病院
高倉小学校
ウィングス京都
光岸寺
新町蛸薬局
東徳寺
蛸薬師通
極楽院（空也堂）
国民金融公庫
西村病院
大沢クリニック
大平ビル
北陸
京都芸術センター
福井
亀屋
本願寺跡
堀川高校
錦小路通
山元病院
眞遍寺
堀川通
地下鉄烏丸線
東洞院局
三菱東京UFJ
京都中央信金本店
大丸
三菱信託
中央診療所
三井住友
野村証券
四条通
四条烏丸
四条堀川
近畿大阪
京都中央信金
京都信金本店
りそな
みずほ
三井住友信託
池坊短期大学
三井ガーデンホテル
京都四条病院
福岡医院
四条大宮局
四条柳馬場局
三菱東京UFJ
綾小路通
西洞院綾小路局
住友生命
瑞興寺
金光教会
洛央小学校
大同生命ビル
からすま京都ホテル
堀川仏光寺局
大行寺
東洞院仏光寺局
仏光寺通
学校歴史博物館
久遠院
佛光寺
大東通信法律専門学校
菅大臣神社
ホテル日航プリンセス京都
大善院
下京警察署
ユースクエア高辻
西住寺
高辻通
烏丸高辻
堀川高辻
京都銀行本店
成徳中学校
平等寺
若宮通
光圓寺
大宮通
松原通
柳馬場松原局
長香寺
若宮松原局
五条天神宮
下京図書館
総合児童館
大泉寺
醒泉小学校
下京税務所
大宮松原局
総合特別養護老人センター
五条通
五条デイサービスセンター
誠運院
真如院
京都中央信金
京都ダイビル
烏丸五条
五条西洞院
堀川五条
五条大宮
五条消防出張所
下京保健所
NTT
五条東洞院局
三菱東京UFJ
京都中央信金
佐女牛井跡
住吉神社
本覚寺
下京税務署
尚徳中学校
京都東急ホテル
宗仙寺
圓徳寺
六条通
六条局
本願寺駐車場
本願寺聞法会館
光圓寺
09
10
1
2
3
4

安土桃山地図 No.08

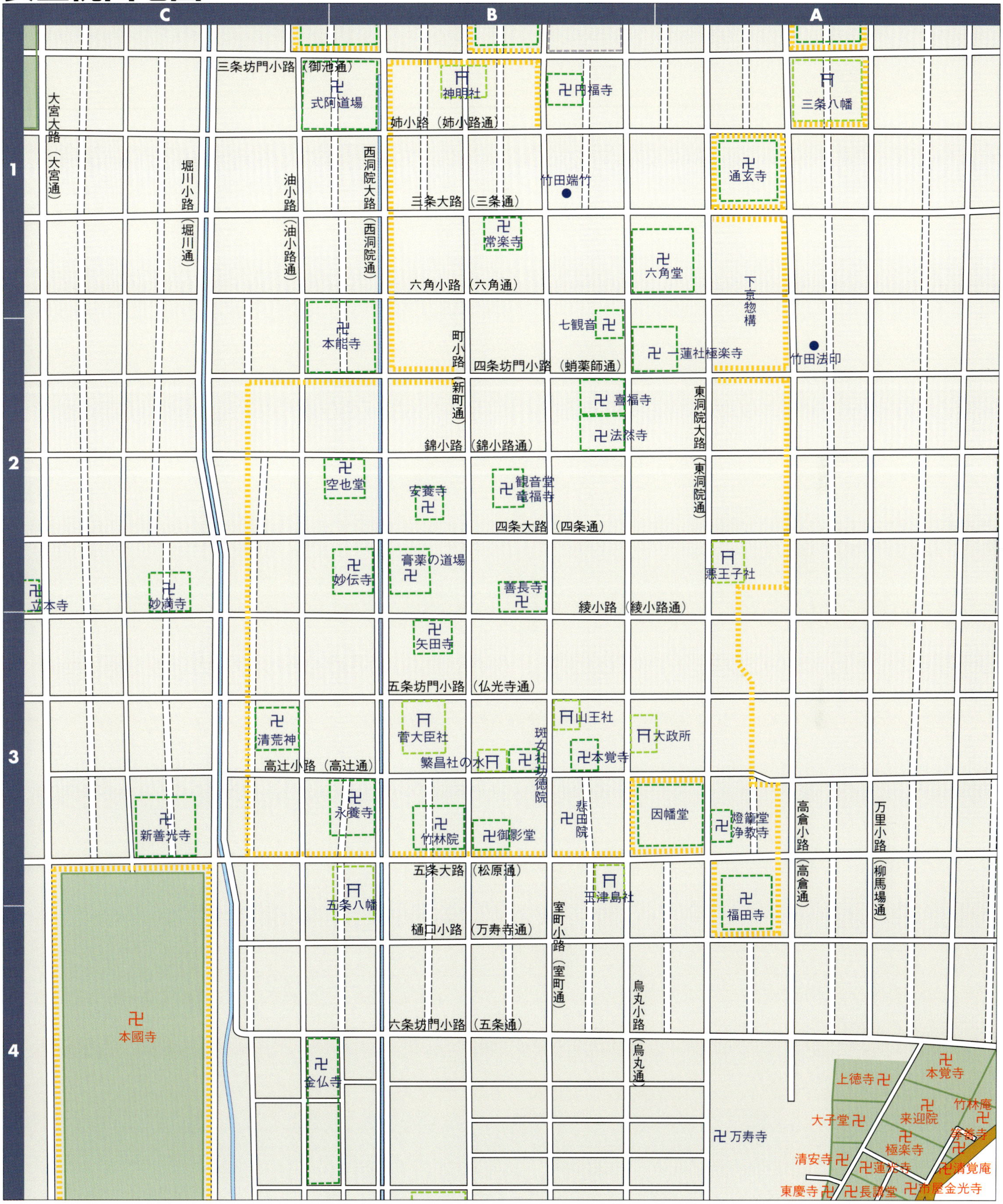

C
B
A
1
2
3
4
三条坊門小路（御池通）
式阿道場
神明社
円福寺
三条八幡
姉小路（姉小路通）
大宮大路（大宮通）
堀川小路（堀川通）
油小路（油小路通）
西洞院大路（西洞院通）
竹田端竹
三条大路（三条通）
通玄寺
常楽寺
六角堂
六角小路（六角通）
下京惣構
本能寺
七観音
町小路（新町通）
四条坊門小路（蛸薬師通）
一蓮社極楽寺
竹田法印
喜福寺
法然寺
東洞院大路（東洞院通）
錦小路（錦小路通）
空也堂
安養寺
観音堂
竜福寺
四条大路（四条通）
妙伝寺
膏薬の道場
悪王子社
立本寺
妙満寺
善長寺
綾小路（綾小路通）
矢田寺
五条坊門小路（仏光寺通）
清荒神
菅大臣社
山王社
大政所
斑女社
功徳院
本覚寺
高辻小路（高辻通）
繁昌社の水
永養寺
悲田院
因幡堂
燈籠堂
浄教寺
高倉小路（高倉通）
万里小路（柳馬場通）
新善光寺
竹林院
御影堂
五条大路（松原通）
五条八幡
五条八幡
五条天神社
福田寺
樋口小路（万寿寺通）
室町小路（室町通）
烏丸小路（烏丸通）
本國寺
六条坊門小路（五条通）
金仏寺
万寿寺
上徳寺
本覚寺
大子堂
来迎院
竹林庵
等善寺
極楽寺
清安寺
蓮光寺
清覚庵
東慶寺
長講堂
市屋金光寺

C
B
A
1
2
3
4
万寿寺
大子堂
清安寺
東慶寺
来迎院
竹林庵
極楽寺
等善寺
蓮光寺
清覚庵
市屋金光寺
長講堂
万年寺
延寿寺
西念寺
福田寺
浄蓮寺
荘厳寺
宗仙寺
紅梅天神
東洞院大路（東洞院通）
室町小路（室町通）
烏丸小路（烏丸通）
七条道場（金光寺）
正行院
桜町
方広寺（大仏殿）
妙法院
三十三間堂
法住寺池
新熊野神社
東福寺

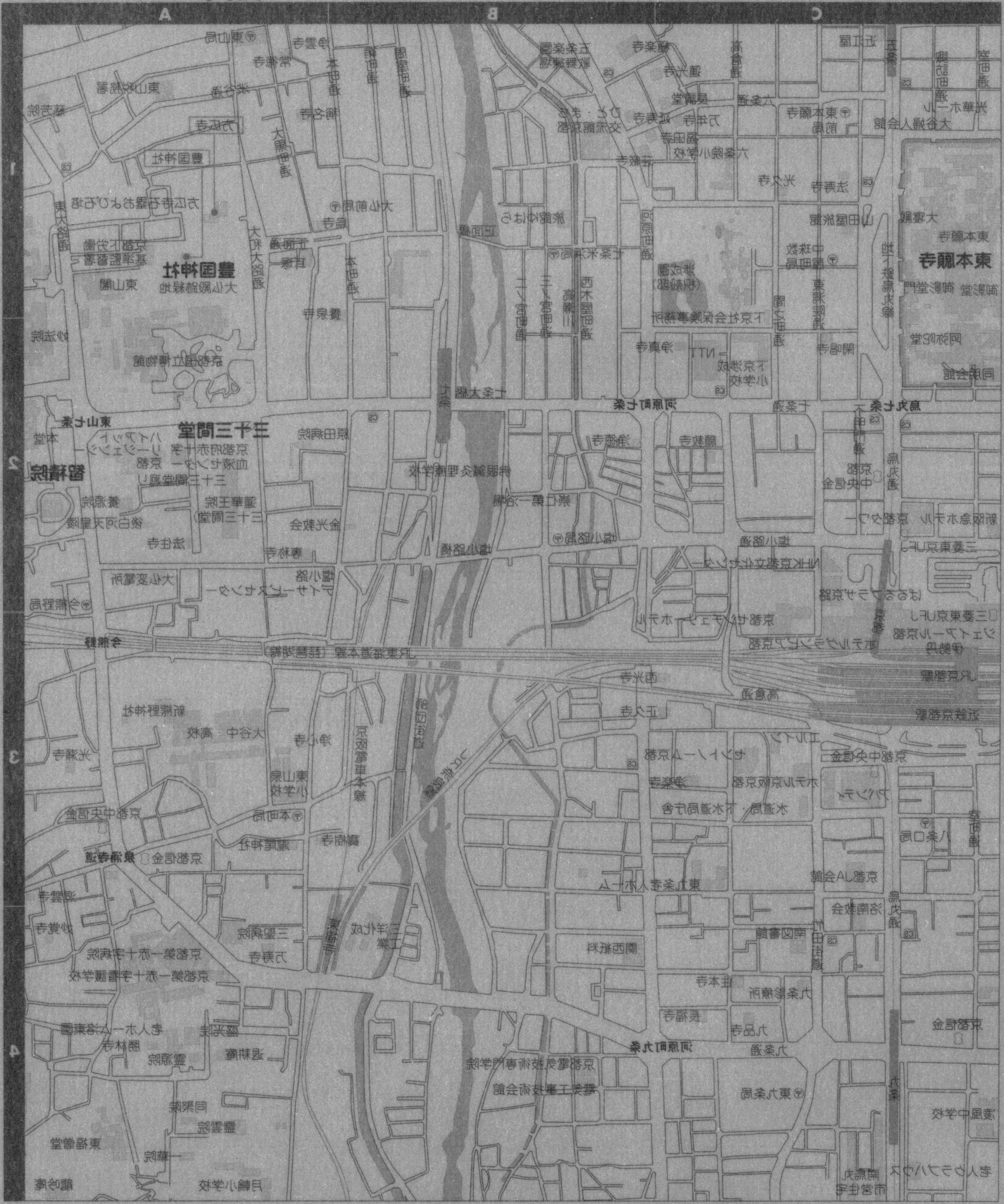

0 100 500m
07
08
A
B
C
1
2
3
4
豊国神社
大仏殿跡緑地
東山閣
京都国立博物館
妙法院
方広寺石塁および石塔
豊国神社
方広寺
東山税務署
東山局
養源院
三十三間堂
蓮華王院
後白河天皇陵
法住寺
智積院
東山七条
京都府赤十字血液センター
ハイアット・リージェンシー京都
新熊野神社
大谷中・高校
今熊野
泉涌寺道
光明寺
京都中央信金
京都信金
京都第一赤十字病院
京都第一赤十字看護学校
東福寺
霊雲院
同聚院
月輪小学校
一華院
東福僧堂
龍吟庵
塩小路橋
七条大橋
七条
JR東海道本線(琵琶湖線)
京阪電気鉄道本線
東山泉小学校
師団街道
河原町七条
河原町九条
崇仁第一浴場
京都市立芸術大学
渉成園(枳殻邸)
ひと・まち交流館京都
不京都社会保険事務所
NTT
京都信金
中央信金
京都タワー
三菱東京UFJ
JR京都駅
近鉄京都駅
京都東急ホテル
九条局
東九条局
京都JA会館
洛南教会
烏丸七条
東本願寺
大寝殿
御影堂
阿弥陀堂
同朋会館
東本願寺前
六条
烏丸通
堀川通
九条通
京都中央郵便局
七条通
塩小路通
高倉通
西本願寺

0 100 500m
08 07

08

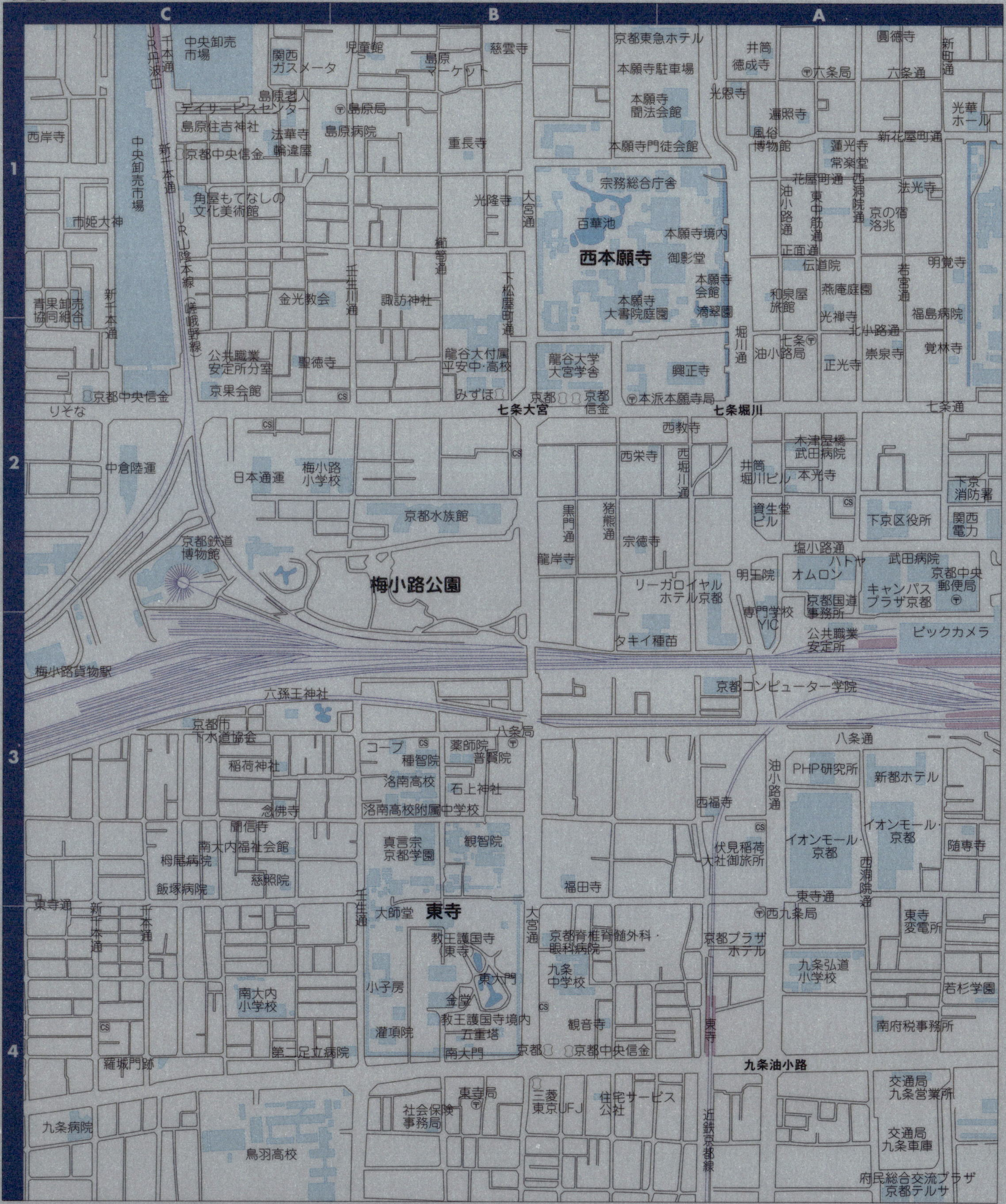
C
B
A
1
2
3
4
中央卸売
市場
関西
ガスメータ
児童館
島原
マーケット
慈雲寺
京都東急ホテル
井筒
徳成寺
圓徳寺
新
町
通
JR丹波口
千本通
本願寺駐車場
六条局
六条通
島原老人
デイサービスセンター
島原局
光恩寺
本願寺
聞法会館
遍照寺
光華
ホール
島原住吉神社
法華寺
島原病院
西岸寺
中央卸売市場
新千本通
京都中央信金
輪違屋
重長寺
本願寺門徒会館
風俗
博物館
蓮光寺
新花屋町通
常楽堂
花屋町通
西洞院通
宗務総合庁舎
角屋もてなしの
文化美術館
光隆寺
大宮通
法光寺
市姫大神
JR山陰本線（嵯峨野線）
櫛笥通
百華池
油小路通
東中筋通
京の宿
洛兆
本願寺境内
西本願寺
御影堂
正面通
伝道院
明覚寺
壬生川通
下松屋町通
本願寺
会館
和泉屋
旅館
燕庵庭園
若宮通
青果卸売
協同組合
新千本通
金光教会
諏訪神社
本願寺
大書院庭園
滴翠園
光禅寺
福島病院
堀川通
七条局
北小路通
公共職業
安定所分室
聖徳寺
龍谷大付属
平安中･高校
龍谷大学
大宮学舎
興正寺
油小路局
崇泉寺
覚林寺
正光寺
京都中央信金
京果会館
みずほ
京都
京都
信金
本派本願寺局
りそな
七条大宮
七条堀川
七条通
西教寺
木津屋橋
武田病院
中倉陸運
日本通運
梅小路
小学校
西栄寺
西堀川通
井筒
堀川ビル
本光寺
下京
消防署
京都水族館
黒門通
猪熊通
資生堂
ビル
下京区役所
関西
電力
京都鉄道
博物館
宗徳寺
塩小路通
龍岸寺
ハトヤ
武田病院
明王院
オムロン
京都中央
郵便局
梅小路公園
リーガロイヤル
ホテル京都
キャンパス
プラザ京都
京都国道
事務所
専門学校
YIC
公共職業
安定所
ピックカメラ
タキイ種苗
梅小路貨物駅
京都コンピューター学院
六孫王神社
京都市
下水道協会
八条局
八条通
コープ
薬師院
種智院
普賢院
稲荷神社
油小路通
PHP研究所
新都ホテル
洛南高校
石上神社
念佛寺
洛南高校附属中学校
西福寺
闡信寺
イオンモール・
京都
南大内福祉会館
真言宗
京都学園
観智院
伏見稲荷
大社御旅所
イオンモール・
京都
随専寺
梅尾病院
西洞院通
慈照院
飯塚病院
福田寺
東寺通
新千本通
千本通
壬生通
大師堂
東寺
大宮通
東寺通
西九条局
東寺
変電所
教王護国寺
東寺
京都脊椎脊髄外科・
眼科病院
京都プラザ
ホテル
九条
中学校
東大門
九条弘道
小学校
小子房
南大内
小学校
若杉学園
金堂
教王護国寺境内
観音寺
灌頂院
五重塔
東寺
南府税事務所
第二足立病院
羅城門跡
南大門
京都
京都中央信金
九条油小路
東寺局
交通局
九条営業所
三菱
東京UFJ
住宅サービス
公社
九条病院
社会保険
事務局
近鉄京都線
交通局
九条車庫
鳥羽高校
府民総合交流プラザ
京都テルサ

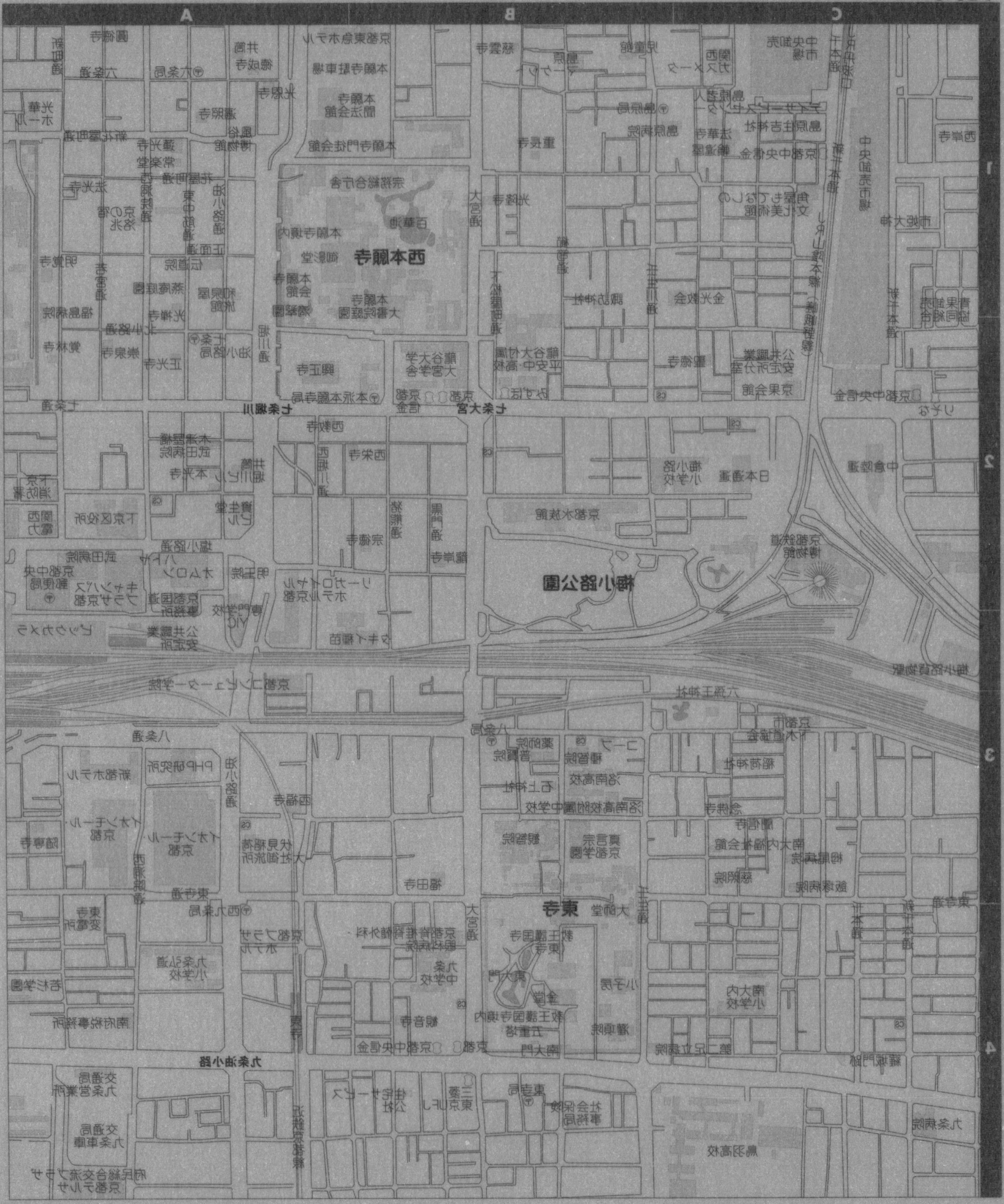
西本願寺
梅小路公園
東寺
七条堀川
七条大宮
九条油小路
京都水族館
京都鉄道博物館
龍谷大学大宮学舎
平安中・高校
興正寺
本願寺聞法会館
本願寺門徒会館
宗務総合庁舎
京都中央郵便局
京都中央信金
洛南高校
洛南高校附属中学校
九条中学校
南大内小学校
梅小路小学校
九条弘道小学校
鳥羽高校
九条病院
京都市中央卸売市場
六孫王神社
石上神社
稲荷神社
日本通運
下京区役所
PHP研究所
羅城門跡
東寺道

安土桃山地図 No.10

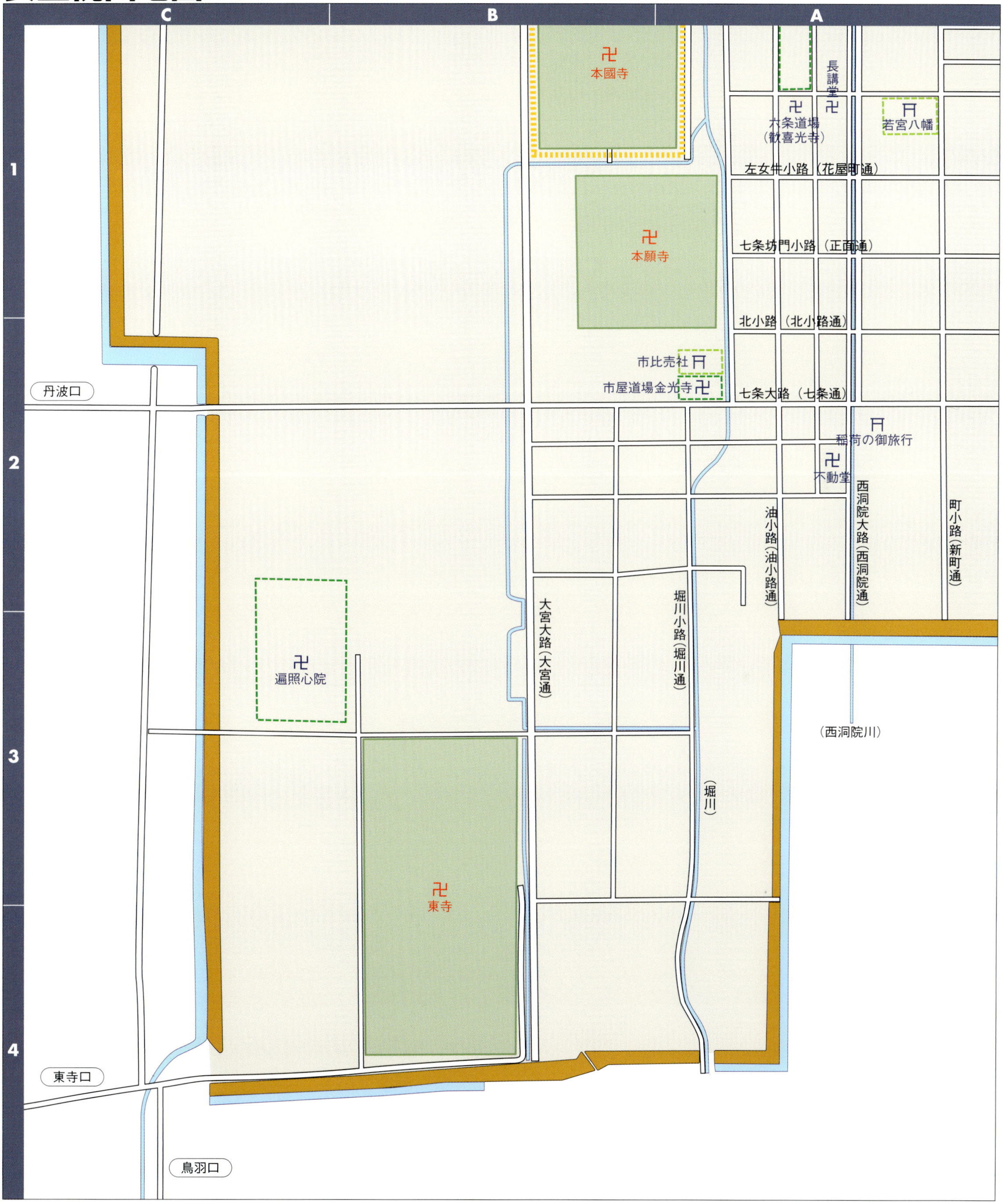
C
B
A
1
2
3
4
本國寺
長講堂
六条道場
（歓喜光寺）
若宮八幡
左女牛小路（花屋町通）
本願寺
七条坊門小路（正面通）
北小路（北小路通）
市比売社
市屋道場金光寺
七条大路（七条通）
丹波口
稲荷の御旅行
不動堂
西洞院大路（西洞院通）
町小路（新町通）
油小路（油小路通）
堀川小路（堀川通）
大宮大路（大宮通）
遍照心院
（西洞院川）
（堀川）
東寺
東寺口
鳥羽口

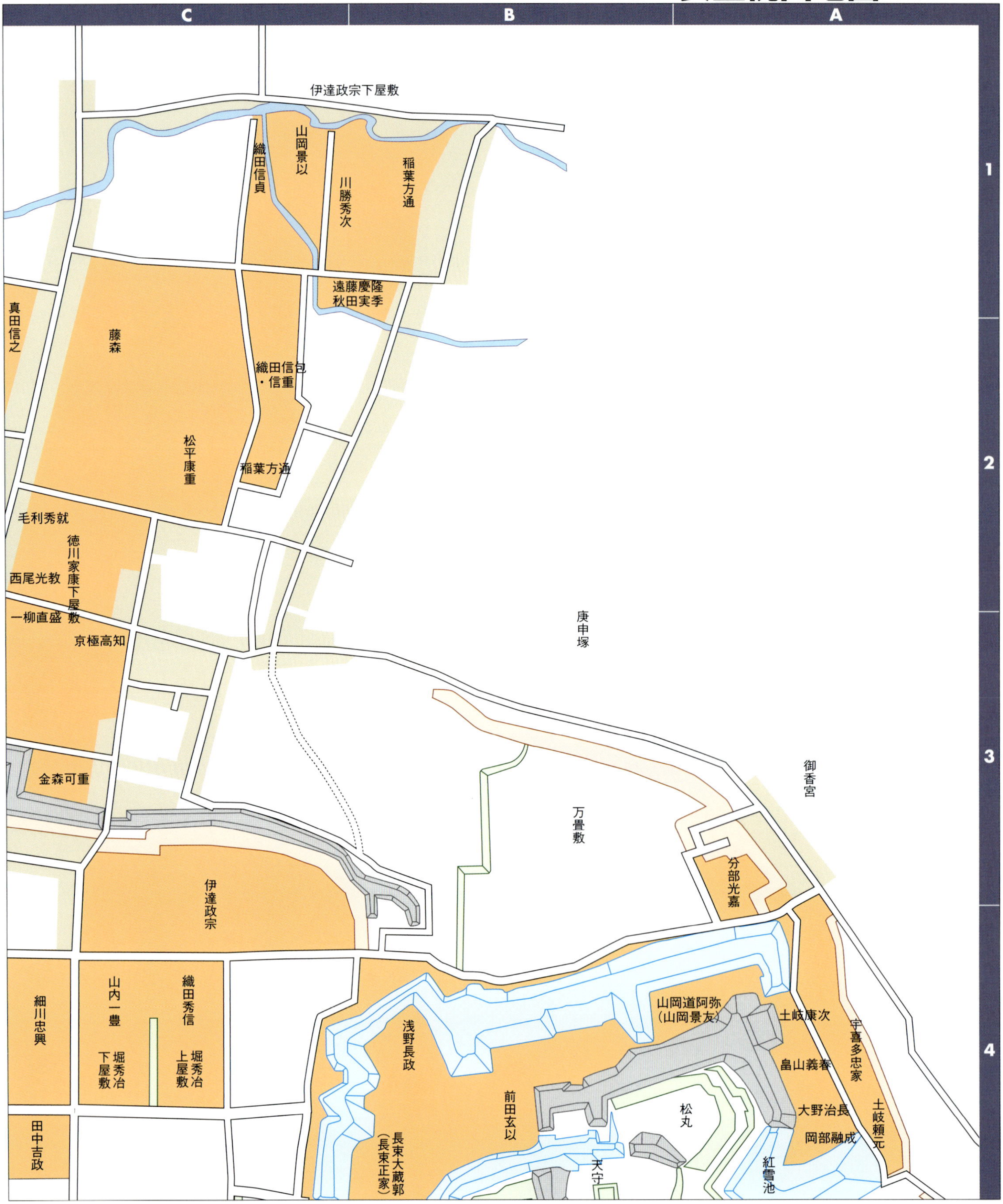
C
B
A
1
2
3
4
伊達政宗下屋敷
織田信貞
山岡景以
川勝秀次
稲葉方通
遠藤慶隆
秋田実季
真田信之
藤森
織田信包
・信重
松平康重
稲葉方通
毛利秀就
徳川家康下屋敷
西尾光教
一柳直盛
京極高知
庚申塚
金森可重
御香宮
万畳敷
分部光嘉
伊達政宗
細川忠興
山内一豊
堀秀治下屋敷
織田秀信
堀秀治上屋敷
山岡道阿弥
(山岡景友)
土岐康次
浅野長政
宇喜多忠家
畠山義春
松丸
前田玄以
大野治長
土岐頼元
岡部融成
長束大蔵郭
(長束正家)
天守
紅雪池
田中吉政

0
100
500m
A
B
C
1
2
3
4
天理教会
浄蓮華院
深草小学校
京都中央信用金庫
附属養護学校
国立京都病院
伏見区深草総合庁舎
城心寺
圓信寺
藤森局
藤森神社
京都教育大学
天理教会
西福寺
藤森
伏見医師会館
藤ノ森小学校
水道局伏見営業所
京都教育大附属養護学校
土地改良技術事務所
深草大亀谷局
櫻町大神社
善眞寺
陵墓参考地
仏国寺
桃山排水場
海宝寺
近畿農政局土地改良事務所
藤城小学校
伏見北堀公園
地域体育館
桃山町永井久太郎
桃山町大蔵
森林総合研究所関西支所
桓武天皇柏原陵
天守閣
伏見桃山城
紅雪池
桃山町古城山
桃山町島津
呉竹養護学校
13

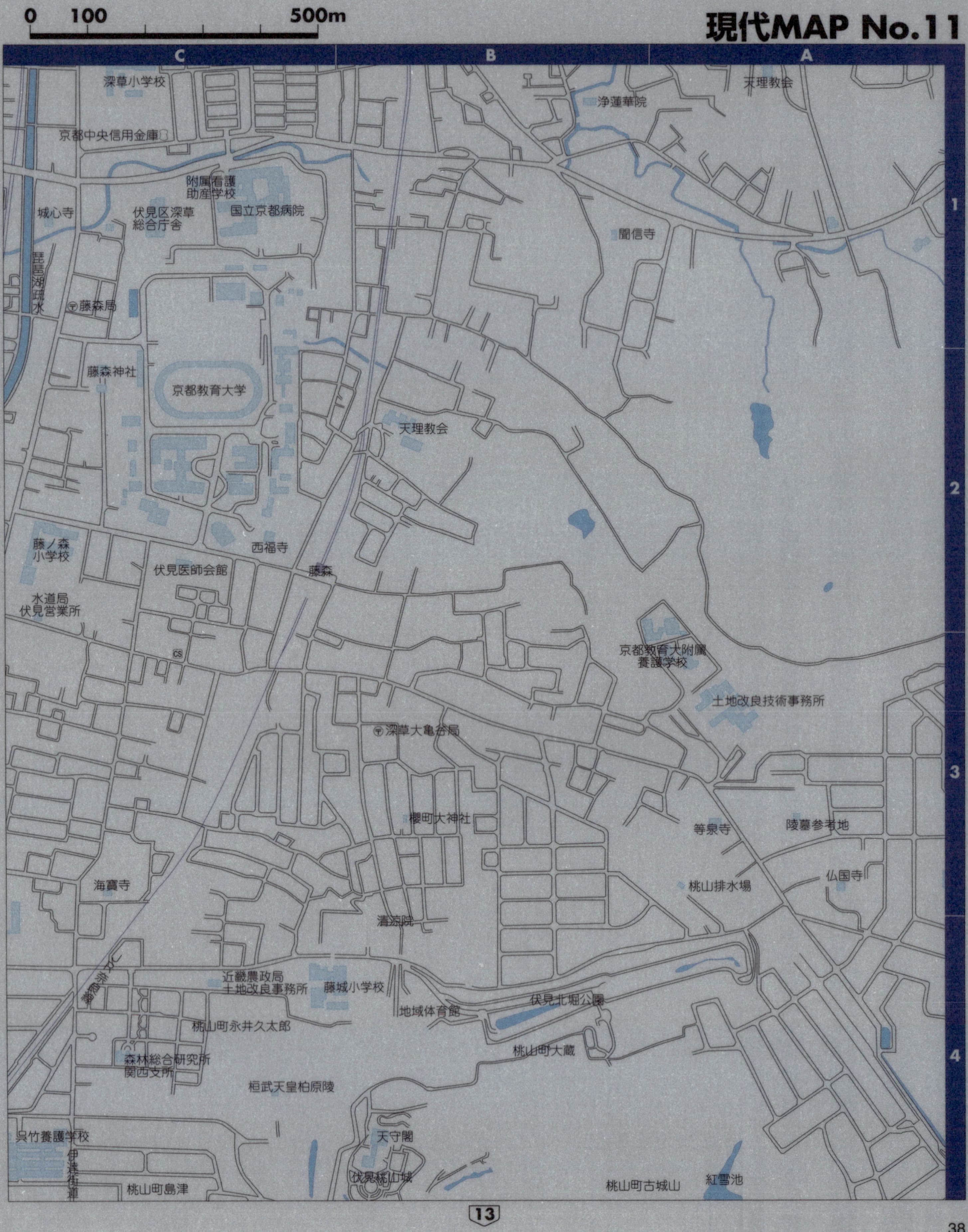

0
100
500m
C
B
A
1
2
3
4
深草小学校
浄蓮華院
天理教会
京都中央信用金庫
附属看護助産学校
城心寺
伏見区深草総合庁舎
国立京都病院
聞信寺
琵琶湖疏水
〒藤森局
藤森神社
京都教育大学
天理教会
藤ノ森小学校
西福寺
伏見医師会館
藤森
水道局伏見営業所
CS
京都教育大附屬養護学校
土地改良技術事務所
〒深草大亀谷局
櫻町大神社
等泉寺
陵墓参考地
海寶寺
桃山排水場
仏国寺
清涼院
近畿農政局土地改良事務所
藤城小学校
伏見北堀公園
地域体育館
桃山町永井久太郎
桃山町大蔵
森林総合研究所関西支所
桓武天皇柏原陵
呉竹養護学校
天守閣
伊達街道
伏見桃山城
桃山町島津
桃山町古城山
紅雪池
13

現代MAP No.12

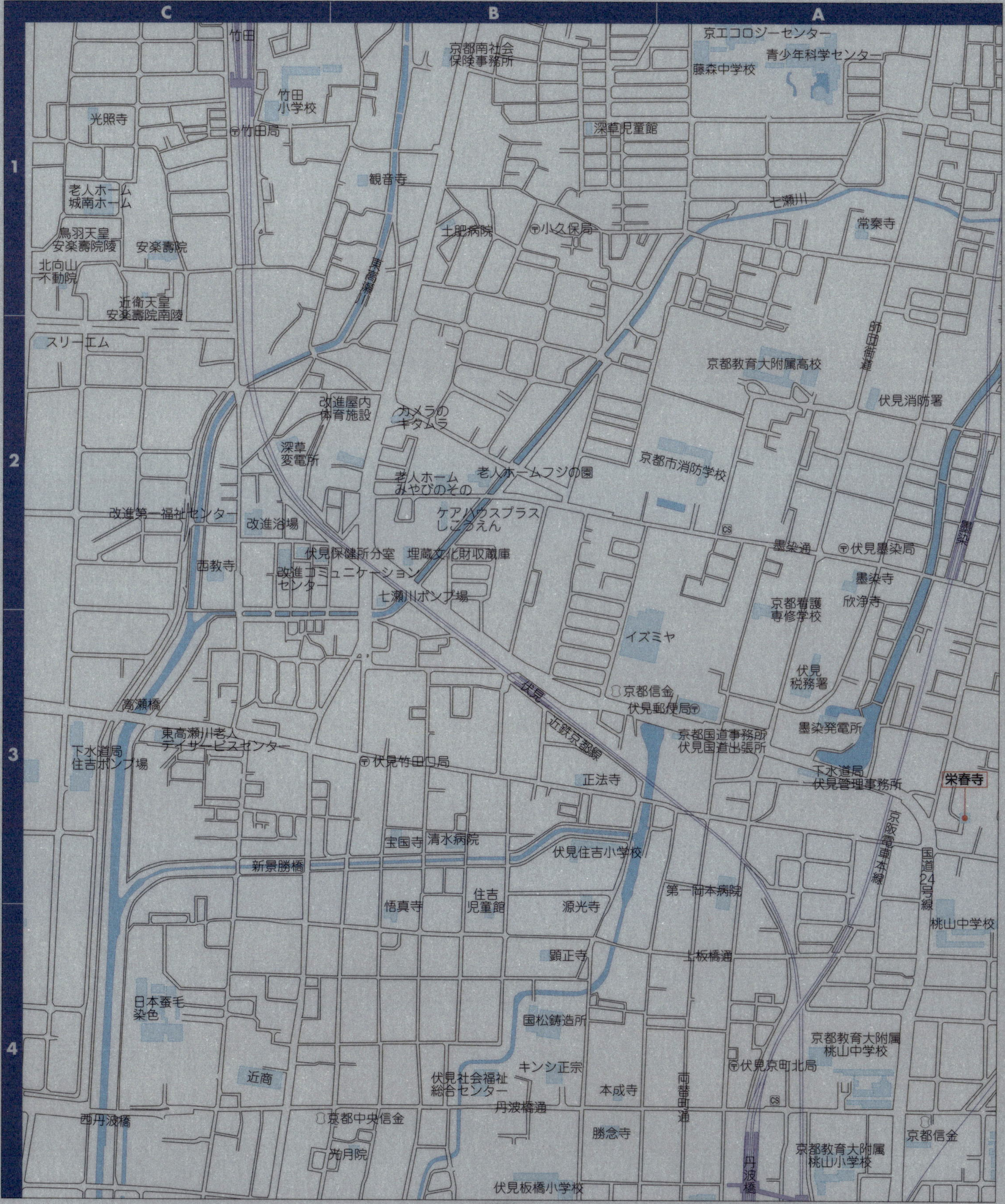
C
B
A
1
2
3
4
竹田
京都南社会
保険事務所
京エコロジーセンター
青少年科学センター
藤森中学校
竹田
小学校
光照寺
竹田局
深草児童館
観音寺
老人ホーム
城南ホーム
七瀬川
鳥羽天皇
安楽壽院陵
安楽壽院
土肥病院
小久保局
常泰寺
北向山
不動院
東高瀬川
近衛天皇
安楽壽院南陵
スリーエム
師団街道
京都教育大附属高校
改進屋内
体育施設
カメラの
キタムラ
伏見消防署
深草
変電所
京都市消防学校
老人ホーム
みやびのその
老人ホームフジの園
改進第一福祉センター
改進浴場
ケアハウスプラス
しこうえん
墨染通
伏見墨染局
伏見保健所分室
埋蔵文化財収蔵庫
西教寺
改進コミュニケーション
センター
墨染
墨染寺
七瀬川ポンプ場
京都看護
専修学校
欣浄寺
イズミヤ
伏見
税務署
京都信金
伏見郵便局
高瀬橋
伏見
近鉄京都線
墨染発電所
東高瀬川老人
デイサービスセンター
京都国道事務所
伏見国道出張所
下水道局
住吉ポンプ場
伏見竹田口局
下水道局
伏見管理事務所
正法寺
栄春寺
京阪電車本線
宝国寺
清水病院
伏見住吉小学校
国道24号線
新景勝橋
第一岡本病院
住吉
児童館
悟真寺
源光寺
桃山中学校
顕正寺
上板橋通
日本蚕毛
染色
国松鋳造所
京都教育大附属
桃山中学校
キンシ正宗
伏見京町北局
近商
伏見社会福祉
総合センター
両替町通
本成寺
丹波橋通
西丹波橋
京都中央信金
勝念寺
京都信金
京都教育大附属
桃山小学校
光月院
丹波橋
伏見板橋小学校
14

A
B
C
1
2
3
4
京エコロジーセンター
青少年科学センター
藤森中学校
京都南社会保険事務所
竹田
竹田小学校
竹田局
光照寺
深草児童館
観音寺
七瀬川
老人ホーム城南ホーム
常楽寺
小久保局
土肥病院
鳥羽天皇安楽寿院陵
安楽寿院
北向山不動院
近衛天皇安楽寿院南陵
東高瀬川
竹田街道
京都教育大附属高校
スリーエム
伏見消防署
カメラのキタムラ
改進園内体育施設
深草変電所
京都市消防学校
ケアハウスアスカ
改進第一福祉センター
改進浴場
伏見墨染局
墨染
伏見保健所分室
埋蔵文化財収蔵庫
西教寺
墨染寺
欣浄寺
京都看護専修学校
改進コミュニティーセンター
七瀬川ポンプ場
イズミヤ
伏見税務署
京都信金
伏見郵便局
墨染発電所
京都国道事務所伏見国道出張所
東高瀬川老人デイサービスセンター
下水道局住吉ポンプ場
伏見竹田口局
栄春寺
下水道局伏見管理事務所
正法寺
京阪本線
国道24号線
宝国寺
高木病院
伏見住吉小学校
桃山中学校
第一岡本病院
住吉児童館
源光寺
信真寺
板橋通
日本蚕毛染色
国松酒造所
京都教育大附属桃山中学校
伏見京町北局
キンシ正宗
伏見社会福祉総合センター
近商
本成寺
両替町通
丹波橋通
京都中央信金
西丹波橋
京都信金
京都教育大附属桃山小学校
勝念寺
光月院
伏見板橋小学校
14

安土桃山地図 No.12

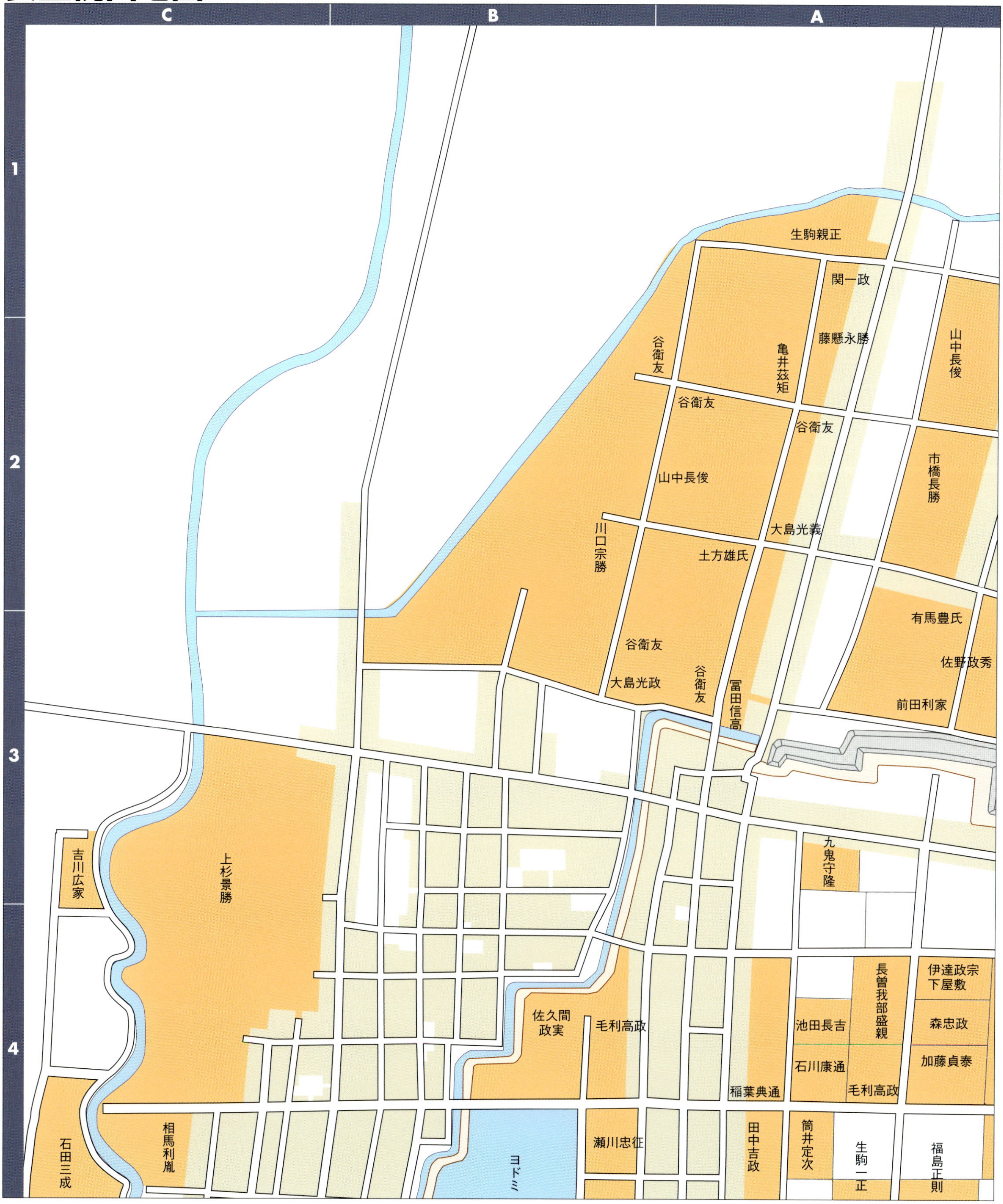

C
B
A
1
2
3
4
生駒親正
関一政
藤懸永勝
谷衛友
亀井茲矩
山中長俊
谷衛友
谷衛友
山中長俊
市橋長勝
川口宗勝
大島光義
土方雄氏
有馬豊氏
谷衛友
佐野政秀
大島光政
谷衛友
冨田信高
前田利家
吉川広家
上杉景勝
九鬼守隆
長曽我部盛親
伊達政宗下屋敷
佐久間政実
毛利高政
池田長吉
森忠政
石川康通
加藤貞泰
稲葉典通
毛利高政
相馬利胤
瀬川忠征
田中吉政
筒井定次
生駒一正
福島正則
石田三成
ヨドミ

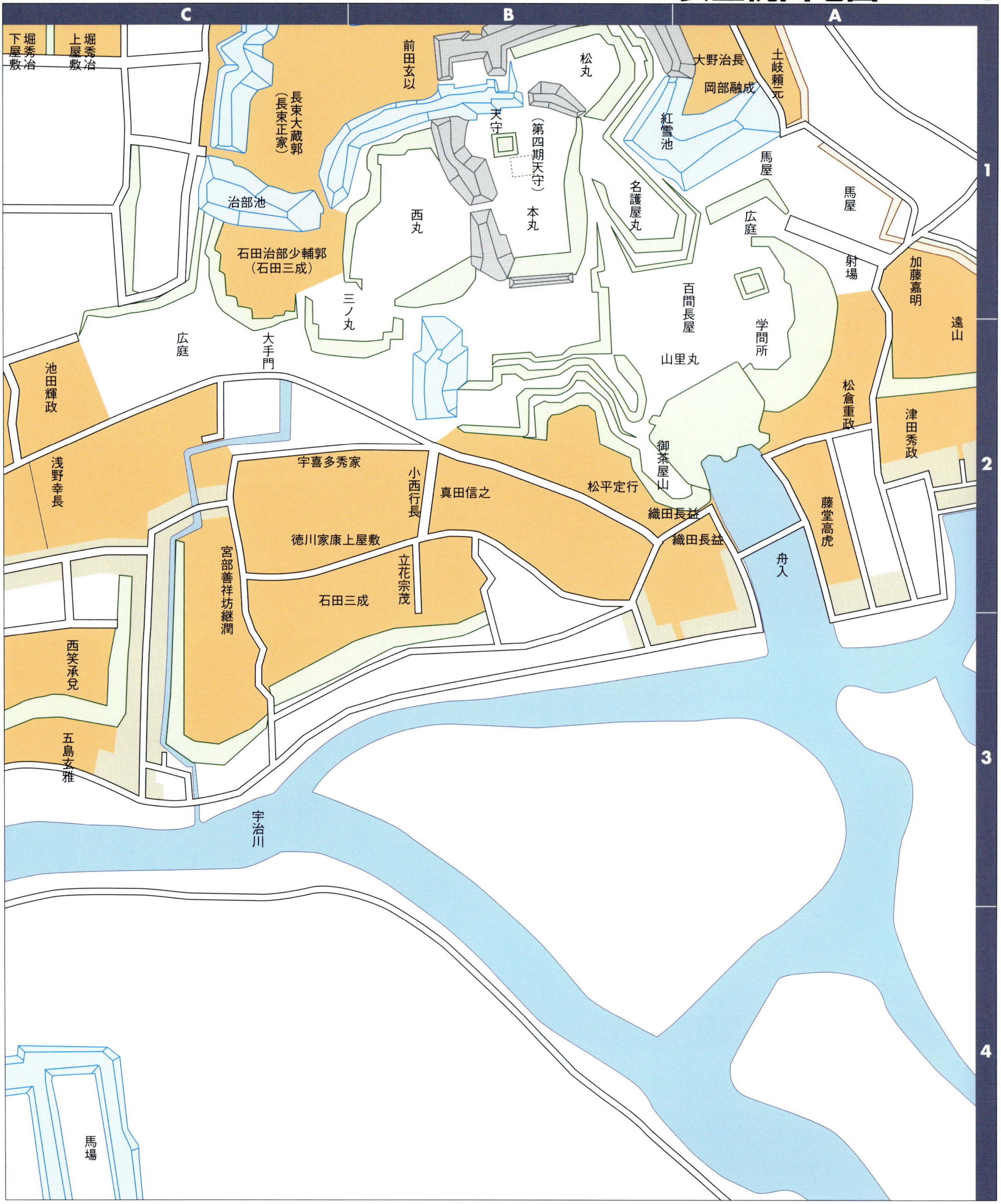
C
B
A
1
2
3
4
堀秀治下屋敷
堀秀治上屋敷
前田玄以
長束大蔵郭（長束正家）
治部池
石田治部少輔郭（石田三成）
天守
（第四期天守）
本丸
西丸
松丸
大野治長
土岐頼元
岡部融成
紅雪池
馬屋
馬屋
名護屋丸
広庭
射場
加藤嘉明
遠山
百間長屋
学問所
山里丸
三ノ丸
広庭
大手門
池田輝政
浅野幸長
宇喜多秀家
小西行長
真田信之
松平定行
御茶屋山
織田長益
織田長益
松倉重政
津田秀政
藤堂高虎
舟入
徳川家康上屋敷
立花宗茂
石田三成
宮部善祥坊継潤
西笑承兌
五島玄雅
宇治川
馬場

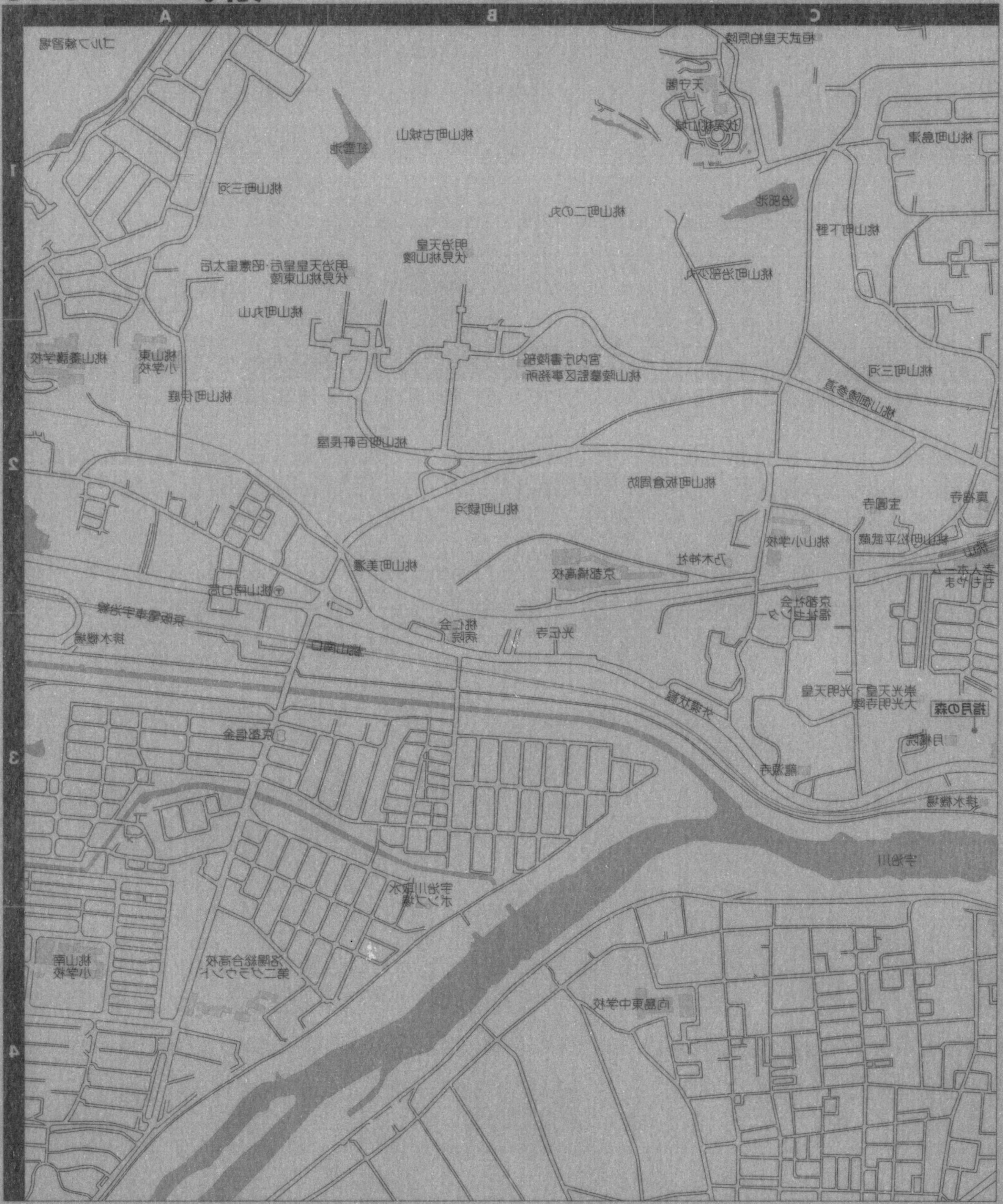
11
0
100
500m
A
B
C
1
2
3
4
ゴルフ練習場
桓武天皇柏原陵
天守閣
伏見桃山城
桃山町古城山
紅雪池
桃山町島津
治部池
桃山町三河
桃山町二の丸
桃山町下野
明治天皇
伏見桃山陵
明治天皇皇后・昭憲皇太后
伏見桃山東陵
桃山町治部少丸
桃山町丸山
桃山養護学校
桃山東
小学校
宮内庁書陵部
桃山陵墓監区事務所
桃山町三河
桃山御陵参道
桃山町板倉周防
桃山町駿河
桃山小学校
桃山町松平武蔵
乃木神社
京都橘高校
桃山町美濃
桃山南口
京阪電車宇治線
排水機場
京都社会
福祉センター
光明天皇・崇光天皇
大光明寺陵
指月の森
月橋院
京都信金
宇治川
排水機場
桃山南
小学校
洛陽総合高校
第二グラウンド
向島東中学校

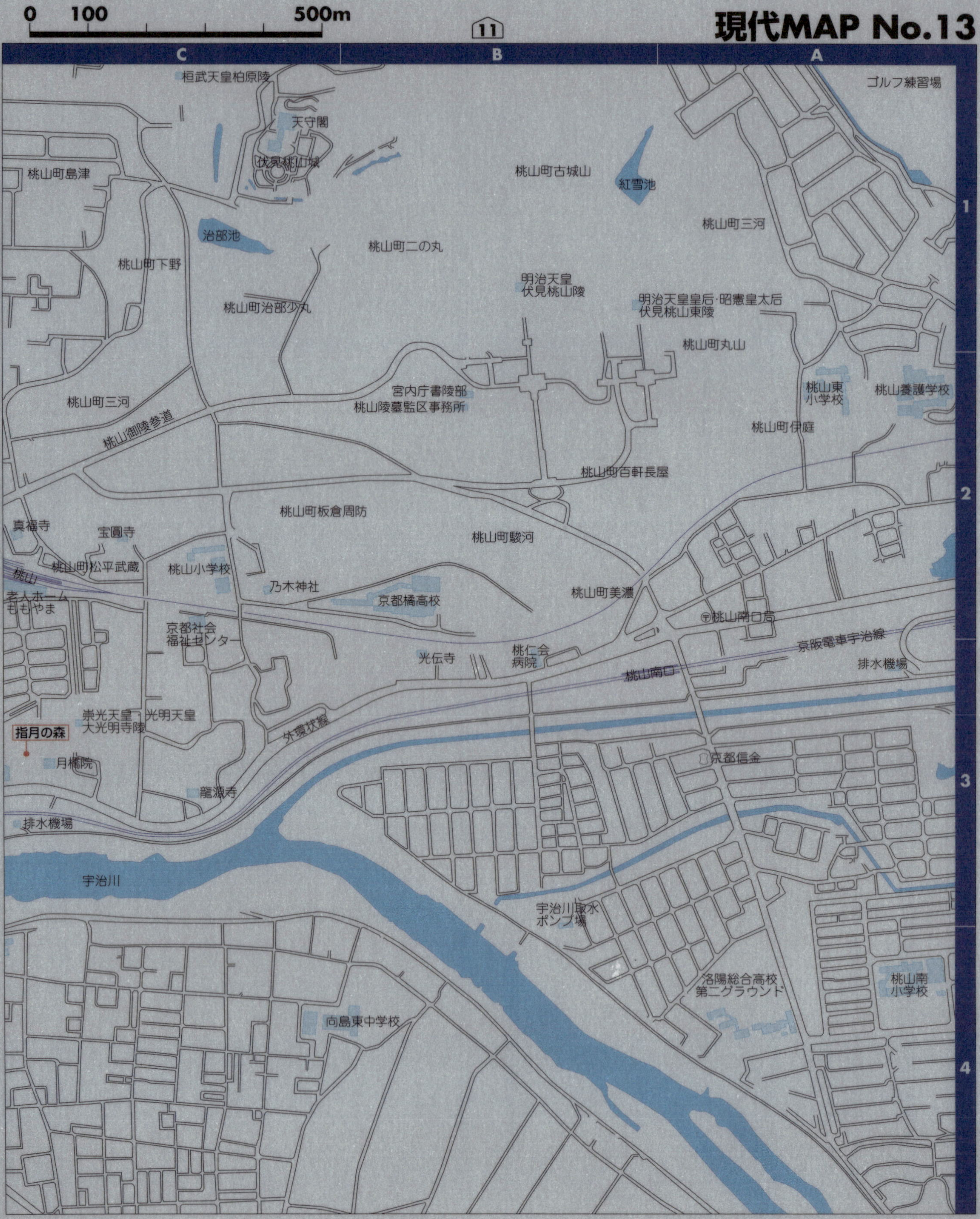
0
100
500m
11
C
B
A
1
2
3
4
桓武天皇柏原陵
天守閣
伏見桃山城
ゴルフ練習場
桃山町古城山
紅雪池
桃山町島津
治部池
桃山町三河
桃山町二の丸
桃山町下野
明治天皇
伏見桃山陵
明治天皇皇后·昭憲皇太后
伏見桃山東陵
桃山町治部少丸
桃山町丸山
宮内庁書陵部
桃山陵墓監区事務所
桃山東
小学校
桃山養護学校
桃山町三河
桃山御陵参道
桃山町伊庭
桃山町百軒長屋
桃山町板倉周防
真福寺
宝圓寺
桃山町駿河
桃山町松平武蔵
桃山小学校
桃山
乃木神社
桃山町美濃
老人ホーム
ももやま
京都橘高校
桃山南口局
京都社会
福祉センター
京阪電車宇治線
光伝寺
桃仁会
病院
排水機場
桃山南口
崇光天皇・光明天皇
大光明寺陵
外環状線
指月の森
京都信金
月橋院
龍源寺
排水機場
宇治川
宇治川取水
ポンプ場
洛陽総合高校
第二グラウンド
桃山南
小学校
向島東中学校

現代MAP No.14

12

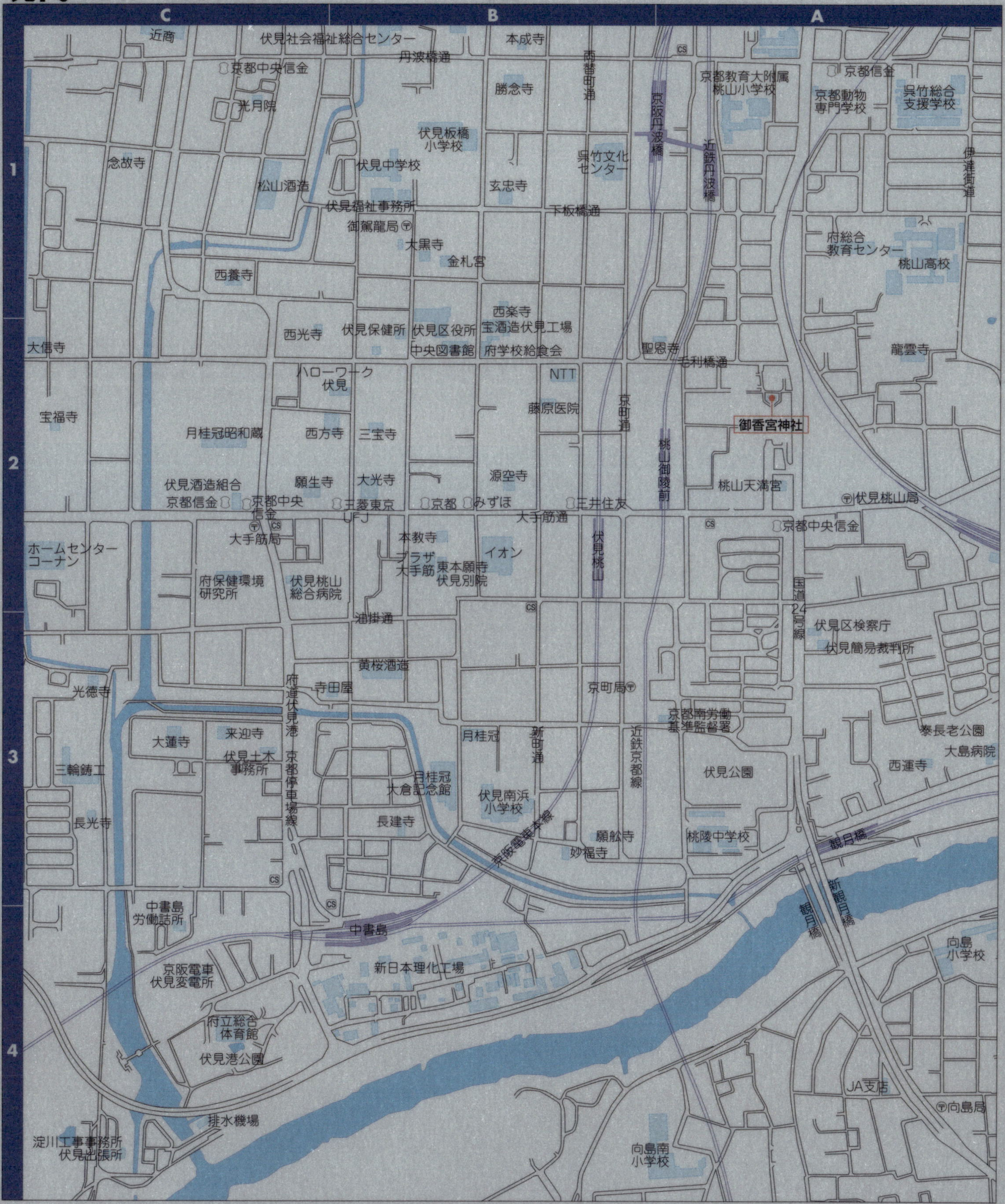

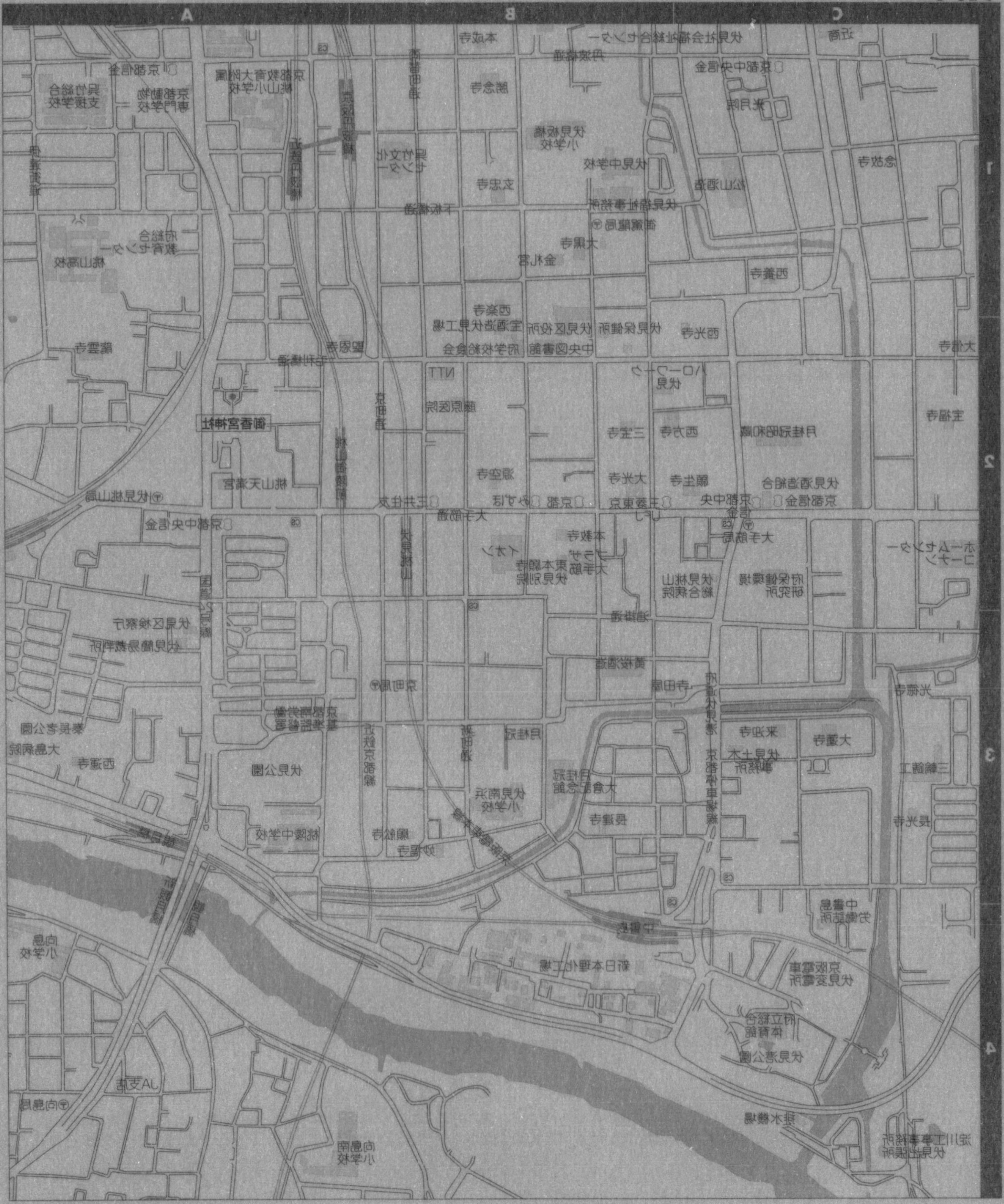
12
A
B
C
1
2
3
4
本成寺
伏見社会福祉総合センター
京都中央信金
京都信金
呉竹総合支援学校
京都動物専門学校
京都教育大附属桃山小学校
伏見板橋小学校
伏見中学校
府総合教育センター
桃山高校
金札宮
大黒寺
西光寺
伏見区役所
伏見保健所
中央図書館
NTT
御香宮神社
伏見桃山
京町通
大手筋
伏見区検察庁
伏見簡易裁判所
伏見公園
桃陵中学校
伏見南浜小学校
月桂冠
大倉記念館
竹田街道
伏見土木事務所
中書島
新日本理化工場
京阪電車伏見変電所
府立総合体育館
伏見港公園
向島小学校
向島南小学校
排水機場

安土桃山地図 No.14

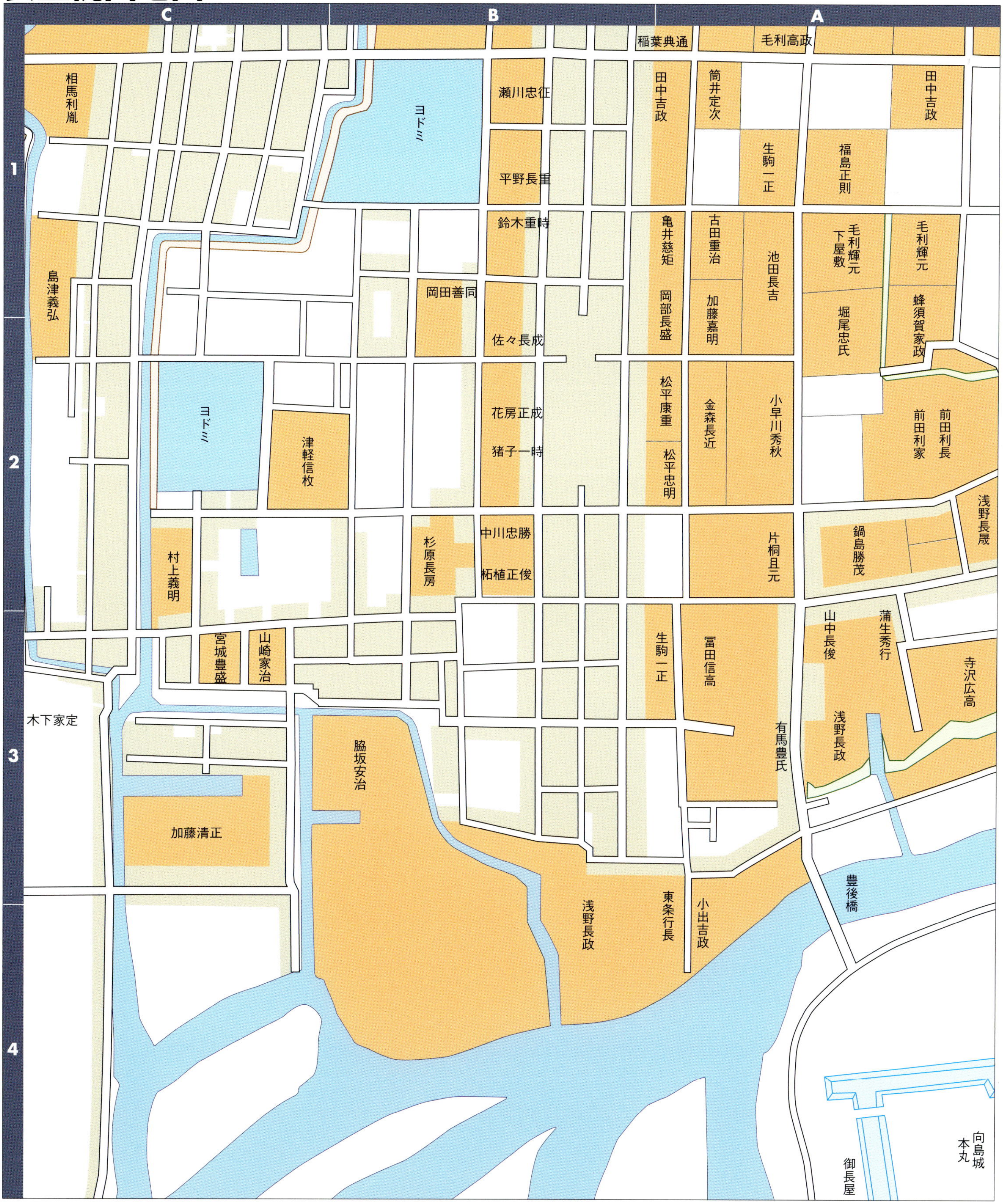
C
B
A
1
2
3
4
稲葉典通
毛利高政
相馬利胤
ヨドミ
瀬川忠征
田中吉政
筒井定次
田中吉政
平野長重
生駒一正
福島正則
鈴木重時
亀井茲矩
古田重治
池田長吉
毛利輝元下屋敷
毛利輝元
島津義弘
岡田善同
佐々長成
岡部長盛
加藤嘉明
堀尾忠氏
蜂須賀家政
ヨドミ
花房正成
猪子一時
松平康重
金森長近
小早川秀秋
前田利長
前田利家
津軽信枚
松平忠明
浅野長晟
中川忠勝
杉原長房
柘植正俊
村上義明
片桐且元
鍋島勝茂
山中長俊
蒲生秀行
寺沢広高
宮城豊盛
山崎家治
生駒一正
冨田信高
木下家定
脇坂安治
有馬豊氏
浅野長政
加藤清正
豊後橋
浅野長政
東条行長
小出吉政
向島城本丸
御長屋

「信長が賭けた天下布武
秀吉が駆けた天下統一」

京 戦国の世、織豊道をゆく

天下布武 目指して上洛 信長に
時は今　天が下知る　皐月かな。明智光秀、謀反を起こし
天下の暁光《ぎょうこう》目の前に 信長人間五十年
下天の内を　比ぶれば　夢幻の　如くなり。

光秀破りし秀吉が 天下の日中 駆けめぐる
安寧楽土の京改造。町割り、御土居堀、聚楽第、利休と共に大茶会
利休事件に秀次自刃、野望絶えない大陸出兵……
京にて終わる盛者の迷走。なにはのことも ゆめの又ゆめ。

信長、秀吉、日出るこの国の天を目指した男たち
光秀、利休、同じ夢見た男たち
戦国覇道の足跡を
現代・京の街並みに 知る、見る、たどる、思いを馳せる――。

「上杉本 洛中洛外図屏風」（米沢市上杉博物館蔵）

Index

信長、光秀、秀吉、利休 男たちの京都ヒストリー

～安土桃山編に登場する主要人物と歴史年表

元号	年	西暦	出来事
大永	二年	1522	堺の商家に後の千利休誕生
天文	三年	1534	織田信秀の嫡男として後の織田信長誕生
	六年	1537	尾張中村の農家に後の豊臣秀吉誕生
	二十年	1551	信秀死去。信長、織田家を継ぐ
永禄	二年	1559	信長、一度目の上洛。十三代将軍・足利義輝に謁見 尾張統一
	三年	1560	桶狭間の戦い。信長、今川義元軍を破る
	八年	1565	三好義継、松永久秀が義輝を暗殺
	九年	1566	義輝の弟・足利義秋(後に義昭)、越前・朝倉義景のもとに身を寄せる
	十年	1567	信長、美濃統一
	十一年	1568	信長、足利義昭を奉じ、二度目の上洛へ
	十二年	1569	三好三人衆が義昭滞在の本國寺を襲撃。本國寺急襲を背景に、義昭のために二条御所普請
元亀	元年	1570	信長、義昭へ掟書を出す
	二年	1571	比叡山焼き討ち
	三年	1572	信長、義昭へ十七ヵ条の詰問状を出す
天正	元年	1573	義昭、挙兵。信長の上京焼き討ち後、和解したが、宇治・真木島城で再挙兵。敗北により河内へ追放。室町幕府の消滅
	二年	1574	信長、上杉謙信に洛中洛外図屏風を寄贈
	四年	1576	信長、在京中の宿城・二条御新造普請
	七年	1579	明智光秀、丹波平定。二条御新造を天皇家へ献上。

【織田信長】

「織田信長像」(神戸市立博物館蔵)

天下の夜明け目前の終焉

天文3年～天正10年 (1534 - 1582)

足利義昭を奉じた上洛から馬揃えまで。破竹の勢いで天下人にのぼりつめようとした矢先、本能寺の変が勃発! 京に始まり、京に終わった信長の足取りを紹介する。

【明智光秀】

「明智光秀像」(岸和田市 本徳寺提供)

朝廷、公家とのパイプ役として信長を支えたが…

?～天正10年 (? - 1582)

朝廷や公家とのコネクションを駆使。いわばコーディネーターとして、信長上洛や馬揃えを支えた光秀だったが、信長を急襲。反逆の背景から本能寺の変前夜、襲撃までを追う。

『上杉本 洛中洛外図屏風』(米沢市上杉博物館蔵)

元号	年	西暦	出来事
天正			正親町天皇の皇太子・誠仁親王が入城
	九年	1581	天皇御前にて馬揃え
	十年	1582	安土城に徳川家康を迎える。明智光秀が接待役に。本能寺の変。信長は本能寺で、織田信忠は二条御新造で死去
			信長の弔い、山崎の戦い。光秀、秀吉に敗れる
	十一年	1583	賤ヶ岳の戦い。秀吉 vs 柴田勝家
			秀吉の二条城（妙顕寺城）建立
	十三年	1585	禁裏茶会
			千宗易、正親町天皇から利休居士号を賜る
	十四年	1586	聚楽第造営（〜天正十五年 大坂城から聚楽第へ移転）
			方広寺大仏殿建立（〜文禄四年 竣工）
	十五年	1587	北野大茶会
	十六年	1588	後陽成天皇、聚楽第行幸
	十七年	1589	愛妾・茶々（淀殿）の産所として淀城改築。秀吉金くばり。利休が大徳寺山門・金毛閣の普請を寄進。
			茶々（淀殿）、棄丸（鶴松）出産
	十八年	1590	小田原出陣に際し、三条大橋の架橋
			町割り、寺院を寺町・寺之内に移す
	十九年	1591	利休、秀吉の命により切腹。鶴松死去
			御土居堀造営
			聚楽第と関白職共に甥・秀次へ譲渡
文禄	元年	1592	朝鮮出兵
	二年	1593	指月伏見屋敷完成。淀殿、後の豊臣秀頼出産
	三年頃	1594	指月伏見城の造営。向島城築城
	四年	1595	秀次、高野山へ追放。後に自刃、妻妾子女39人、三条河原にて処刑。聚楽第破却
慶長	元年	1596	大地震により、方広寺大仏殿、指月伏見城崩壊
			木幡山伏見城の造営
	二年	1597	再度、朝鮮出兵
	三年	1598	醍醐の花見。秀吉死去

【豊臣秀吉】

「豊臣秀吉像」（高台寺提供）

建築・イベントの才を遺憾なく発揮！

天文6年〜慶長3年（1537 - 1598）

京都では大がかりな都市改造や数々の催事を行った秀吉。その建築・イベントプロデューサー的手腕を地図上と遺構に見てみよう。

【千利休】

「千利休像」（表千家 不審菴提供）

内々の豊臣政権を支えたブレーン

大永2年〜天正19年（1522 - 1591）

茶頭、また、政治的ブレーンとして豊臣政権の一翼を担った利休だったが、秀吉から切腹を命じられることに。いかに利休事件は起こったのか？

※本歴史年表は巻末の参考文献・参考資料にあげた各書の記述を元に作成したもので、年号や記述内容につきましては諸説ある場合がございます。

【一場春夢】

信長と京と本能寺の死

京を制すものは、天下を制す。すべては、信長の上洛から始まった

戦国の世を制し、天下人への道を疾風のごとく突き進んだ織田信長。
彼にとって京都は栄華の頂点を極めた地であるとともに、
その人生の終焉の地でもあった。
戦国時代の京に、信長の足跡をたどってみよう。

「織田信長像」（神戸市立博物館蔵）

PROFILE *Nobunaga●Oda* **織田信長**

天文3年（1534）～天正10年（1582）
尾張の戦国大名織田信秀の嫡男として生まれ5歳にして那古野城主となる。幼い頃はその破天荒な行動から「大うつけ」と呼ばれたが、父親の死後織田家の内紛を制し尾張統一。その後桶狭間の戦いや美濃攻略を経て、室町幕府15代将軍足利義昭を奉じて上洛。武田、朝倉、石山本願寺、延暦寺などを破り天下布武をすすめるが、天下統一目前で家臣の明智光秀によって本能寺において襲撃され自害した。

天下布武

戦国の風雲児、天下を目指す

天文三年（一五三四）五月。織田信秀の嫡男として生まれた信長は、わずか五歳で那古野《なごや》城主となる。幼い頃から破天荒な行動を繰り返していた信長のことをいつしか人々は「大うつけ」と呼んだ。天文二十年（一五五一）三月三日、父・信秀の死によって織田家の家督を継いだ信長は、織田一族の内紛ともいうべき争いから武将としてのすぐれた資質を発揮し始める。永禄二年（一五五九）、尾張を統一。家督相続から実に八年後のことであった。

その間、美濃の斎藤道三《さいとうどうさん》と縁組をすることで同盟を結び、桶狭間では今川義元を破って華々しい戦国デビューを飾っている。一説には二千の兵で今川本陣を打ち破ったという信長のその目は、あくまでも天下取り、すなわち「京」を目指していた。

信長、足利義昭を奉じて上洛

その頃、室町幕府十三代将軍の足利義輝が三好義継、松永久秀らによって暗殺される事件が起こる。政界は混乱を極め、十四代将軍・足利義栄《よしひで》はとうとう一度も室町御所に入ることができなかった。

一方、奈良の興福寺にいた義輝の弟・義昭は、忠臣・細川藤孝や朝倉義景《よしかげ》の手引きで奈良を脱出。朝倉義景のもとに身を寄せながら、自らの将軍就任を目指し、全国の大名や有力寺院に対し、後見を呼び掛けていた。しかし、色好い返事はない。義昭の側近であった明智光秀が信長のもとを訪れるのはこの時である。信長にとっても上洛の大義名分となるこの話は渡りに舟の話であった。

永禄十一年（一五六八）、信長は岐阜に義昭を迎え入れ、直ちに上洛のための軍を組織。その数四万とも六万ともいわれ、信長は自ら軍の先鋒を務めたという。

Topics はじめての京

将軍を奉じての上洛以前にも、信長は一度だけ京を訪れている。永禄二年（一五五九）二月、尾張平定に近づいた頃のことだ。将軍・足利義輝に謁見し、尾張の正当な支配者として認めてもらう狙いがあったと思われる。わずかな供を連れての京都デビュー。義輝との謁見の地は「室町通上京裏辻」（現在の上京区裏築地町付近）だったという。

Topics 信長の評判

義昭が将軍に就任し信長が岐阜へ帰陣すると、すぐに反旗を翻す勢力が現れた。三好三人衆である。永禄十二年（一五六九）正月四日、三好三人衆は仮幕府がおかれた本國寺を急襲。義昭を包囲した。信長はその知らせを聞くやいなや軍を率いて京に舞い戻ったという。

信長の駐留軍や幕府軍の活躍もあって反乱軍はすぐに撃退されたが、朝廷や京の人々にとっても信長は都を安定へと導いてくれる救世主と映ったに違いない。

天下を動かした、信長の上洛

永禄十一年（一五六八）九月二十六日。義昭を奉じ、ついに信長は上洛を果たした。当面の仮御所として義昭は本國寺に入り、信長は清水寺を宿所とした。兵の乱暴狼藉を厳しく禁じ、極めて紳士的にふるまった信長と信長軍。なじみの薄い武将の上洛に脅えていた公家や京の人々も安堵し、信長らを好意的に受け入れたという。

戦国の世においても、天皇のおられる都であり、形だけとはいえ幕府がおかれる京はゆるぎない政治中枢であった。この京をおさえることによって、信長の天下統一は実現に向けて大きく動き出すことになった。

上洛ルート図

足利義昭は朝倉氏の一乗谷を発ち岐阜の①立政寺で信長と落ち合う。信長は近江の②佐和山城で六角義賢の使者と上洛路確保の交渉を行うが決裂。③箕作山（みつくりやま）城、④観音寺城を攻略。その報告を受けて義昭は父・義晴が仮幕府をおいた⑤桑実（くわのみ）寺に入った。信長は軍を進め、瀬田を経て⑥三井寺にて義昭とおちあい、入京の手はずを整えた。その後三好三人衆のひとり、岩成友道を⑦勝龍寺（しょうりゅうじ）城に攻め、反義昭勢力を一掃。永禄11年（1568）9月26日、義昭は入京を果たした。

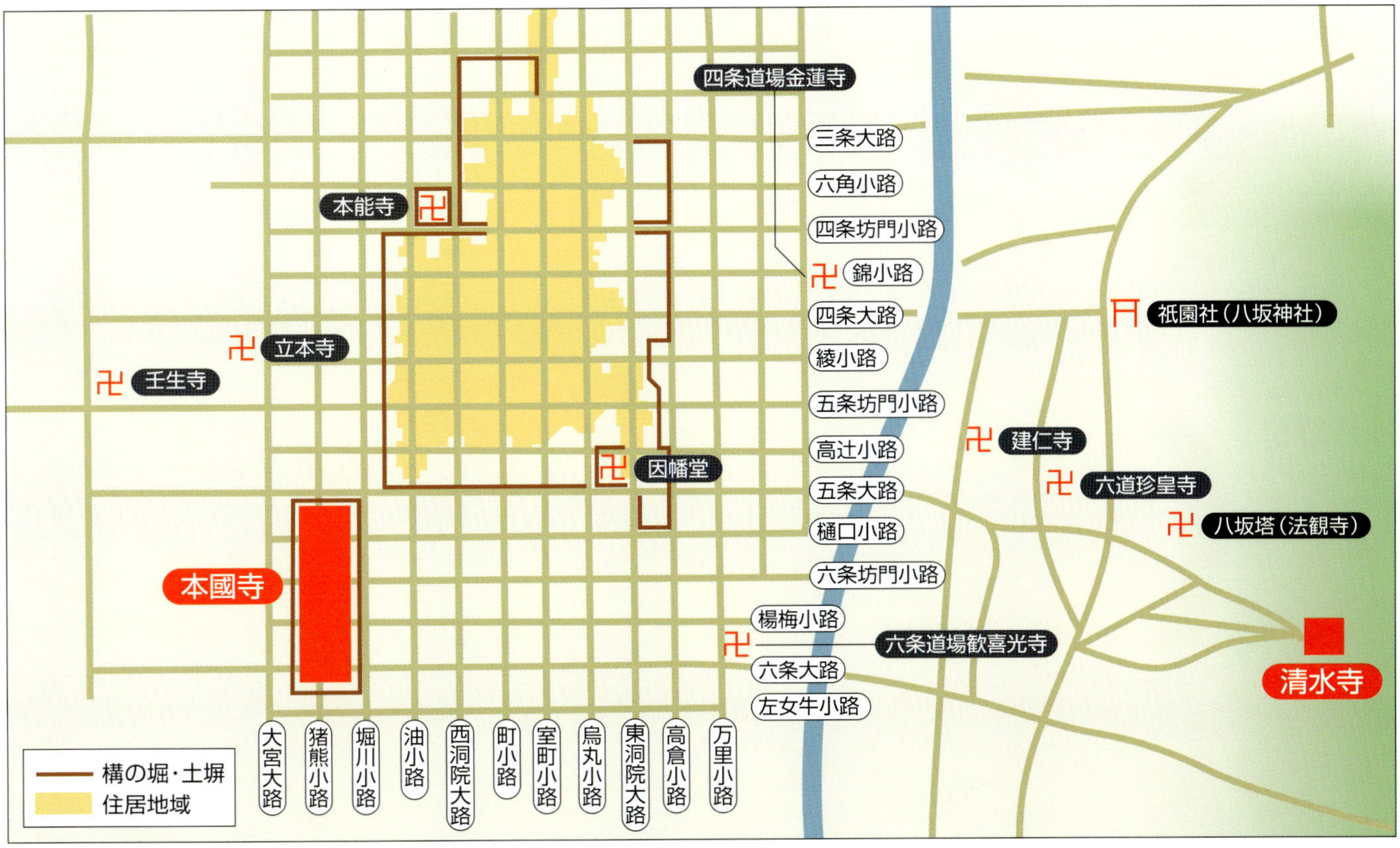

上洛時の市街図

義昭は当面の仮御所として本國寺へ入った。信長は清水寺を宿所とし、軍を統制。京の治安維持に努めた。本國寺は自衛のために堀や構えで周囲を囲んでいたため、防備に優れていたことから仮御所を置き義昭の身を守るにも適当であると選ばれた。信長の帰陣後、京の政務・執行、治安維持は丹羽長秀・村井貞勝らが担当した。

「二条城」クロニクル

年代記

戦国武将が造った四つの二条城

信長の上洛によって京は落ち着きを取り戻し、政治の舞台として整備されてゆく。その象徴が洛中に築かれた城、二条城だ。現存する二条城は徳川家康の建てたもの。信長はそれとは別に二つの二条城を築き、豊臣秀吉も都の拠点として二条に城を築いていた。

将軍・義昭のために建てられた二条城

仮幕府のおかれた本國寺が襲撃にあったことから、信長は義昭のためにより堅固な城を築いた。永禄十二年（一五六九）、勘解由小路の南に造られた二条城である。のちに信長が自らのために建てた二条城や徳川家康が建てたものと区別して「二条御所」とも呼ばれる。二重の堀や石垣を備えた、防衛機能にすぐれた城郭構造であった。庭園には権力の象徴として、名石・藤戸石や銀閣寺の九山八海石が運ばれた。二条御所を訪れる大名たちは新将軍・義昭の威光とその背後にいる信長の実力を思い知らされたことだろう。

信長在京中の宿所として建てられた二条城

天正四年（一五七六）信長は安土城と並行して在京中の宿城を築く。二条通と室町通が交差する地にあった二条関白邸の跡地に建てられた城で、「二条御新造」とも呼ばれる。名園として知られた二条関白邸の庭園を残し、松永久秀の多聞山城の解体資材が使われるなど、義昭追放後、名実ともに天下人となった信長にふさわしい壮麗なものであったという。

信長のこだわりを結集したかのような城だったが、完成二年後には天皇家に献上され、正親町天皇の皇太子で、信長と仲の良い誠仁親王が入城することとなった。信長の天皇家に対する並々ならぬ想いが見てとれる。

なぜ「二条」に建てられたのか？

当時、京の町は上京・下京に分かれていた。それを結ぶ唯一の道路が室町通であり、その中心となるのが二条城の築城された一帯である。二つの町を等しく、しかも不即不離に支配するのにこの上ない場所であっただろう。

二条御所、二条御新造とも室町通に面した平城であり、深い堀と高い石垣を備えた都市支配型城郭の先駆であった。まさに交通と政治の要所に築かれたそれらの二条城では、洛中の動きが手に取るように分かったのではないか。信長は日本最大の都市・京の統括スタイルをも確立したといえよう。

足利義昭座像（等持院蔵）

室町幕府最後の将軍となった足利義昭。上洛を果たしたのち、岐阜へ帰陣する信長に対し感謝の書状を贈っている。三つ年上の信長を「御父」とまで呼び、義昭は副将軍か管領への就任を要請した。しかし、あくまで自身による天下統一をもくろむ信長はこれを断っている。

二条御所（旧二条城）跡

二条御所は義昭の兄である十三代将軍・足利義輝の御所「武衛陣（ぶえいじん）」跡に建てられた。『日本史』をはじめ『信長公記』『言継卿記（ときつぐきょうき）』など、その素晴らしさを讃えた資料は数多く見られるが、義昭追放ののちは解体され、歴史上にその名が出てくることもなくなった。

MAP No.5 B-2

二条御新造（二条殿）跡

信長は二条関白邸にあった南北朝時代の名園を残し、二条御新造を造営した。写真の石碑はその名園のなかの「御池」跡。二条御新造は本能寺の変の際、嫡男・信忠が籠城し戦った場所でもある。

MAP No.5 B-4

秀吉の二条城

天正十一年(一五八三)に豊臣秀吉が築城。法華宗の大寺院・妙顕寺跡に建設されたので「妙顕寺城」とも呼ばれる。天正十四年(一五八六)に聚楽第ができるまで京都支配のための政庁として使用された。現在の古城町という名前はその名残。

家康の二条城

慶長六年(一六〇一)、天下人となった徳川家康の京都の宿所として建てられる。三代将軍家光がさらに増築。家康が築いた二の丸部分が現在も残っており、国宝に指定されている。

現在の二条城

京の町の当時の人々の居住地である上京、下京と禁裏全てを統轄することのできる場所としてこれらの場所が選ばれた。信長が義昭のために造った「二条御所」は二重の堀と石垣に囲まれ、東・南・西に三つの入口が設けられた。それぞれの入口には堀を渡る吊り上げ橋や三重の櫓が造られ、市中が一望できたという。外から見ると堅固な城郭という印象であったが、中は名石・名木を配した雅な庭園が広がり、さらに桜の馬場と称される桜並木のある馬場を備えるなど、宮殿的な趣きにあふれていた。
秀吉の二条城は堀や構えをめぐらせた法華宗の妙顕寺を京都経営の拠点としたもので、聚楽第の造営によりその役割を終えた。

京都市洛西竹林公園 二条御所発掘石造物

京都市洛西竹林公園内の二条御所の石垣に転用された石仏たち。地下鉄烏丸線建設の際に発掘された。フロイスの『日本史』には信長が石仏の首に縄をつけて現場に運び、京の人を恐れさせた——との記述があるが、これは信長に限ったことではなく明智光秀も福知山城で同様のことをやっている。当時の築城においては常套手段であった。

西京区大枝北福西町

京都御苑の二条御所跡石垣

地下鉄烏丸線建設の際に発掘された二条御所の石垣を復原したもの。京都御苑の椹木口付近にある。

MAP No.5 A-2

スペクタクル上京・下京

強い自治意識と自治組織。町人たちが京の繁栄と安定を支えた

戦国時代の京は、ひとつの都市というより「上京」「下京」ふたつの大規模集落から形成された都市であった。応仁の乱をきっかけに、時の権力に頼らず自分達の町は自分で守る――と京の人々は立ち上がっていたのである。

町が集まって、町組へ 町組が集まって惣町へ

応仁の乱によって焼け野原となった京。乱後、わずかに残っていた地域を中心に「上京」「下京」の惣町《そうちょう》が形成された。惣町とはいくつかの町からなる町組がさらに集まって大規模な集落を形成したもの。それぞれ町人による自治が行われ、政権に対してもの申す力さえ持っていたという。上京には武家をはじめ公家や寺社勢力が、下京には商工業者が数多く集まっていた。

傀儡《かいらい》化を拒んだ義昭との決別

元亀元年（一五七〇）正月。信長は将軍となった義昭の行動を規制する掟書を出す。「諸国へ送る文書は事前に信長に内容を知らせ、信長の添状をつけること」「これまでの将軍の命令はすべて無効とすること」「将軍の意向に背く者の成敗は信長に一任すること」…など、義昭にとっては到底受け入れることのできない屈辱的な内容だったが、信長の圧倒的な軍事力の前に拒否することはできなかった。義昭をあくまで飾りものと考える信長となんとか実権を握ろうとする義昭。信長は義昭の支配下にあった上京を焼き討ちするなど両者の対立は深まる一方だった。反信長勢力の結集をはかる義昭は、ついに本願寺や浅井・朝倉氏とともに挙兵。しかし姉川の戦いで浅井・朝倉氏を破った信長は、天正元年（一五七三）七月、真木島城に籠城した義昭を攻撃する。信長に奉じられての上洛からわずか五年。義昭の降伏とともに足利十五代にわたった室町幕府は消滅した。

なぜ上京だけが焼き討ちされたのか？

京の安定を重要視した信長は、上洛後、巧みに惣町を支配構造に組み込んでいった。下京は信長に服従する姿勢を見せていたが、上京は義昭を支持し反信長的傾向があった。上京焼き討ちは、抵抗をやめない義昭に対して信長からの最終警告だったのである。天正元年（一五七三）四月四日。再び上京は灰燼《かいじん》と帰した。この時信長は上京に住む町人たちを朝廷と交渉して事前に御所内に避難させている。

「上杉本 洛中洛外図屏風」（米沢市上杉博物館蔵）

信長が絵師・狩野永徳に描かせたといわれる洛中洛外図。天文年間後半の京の様子が描かれている。のちに上杉謙信に贈られたので「上杉本」と呼ばれる。洛中洛外の四季と、そこに暮らす人々の生活風俗が緻密に描かれた、まさに桃山文化を代表する傑作。

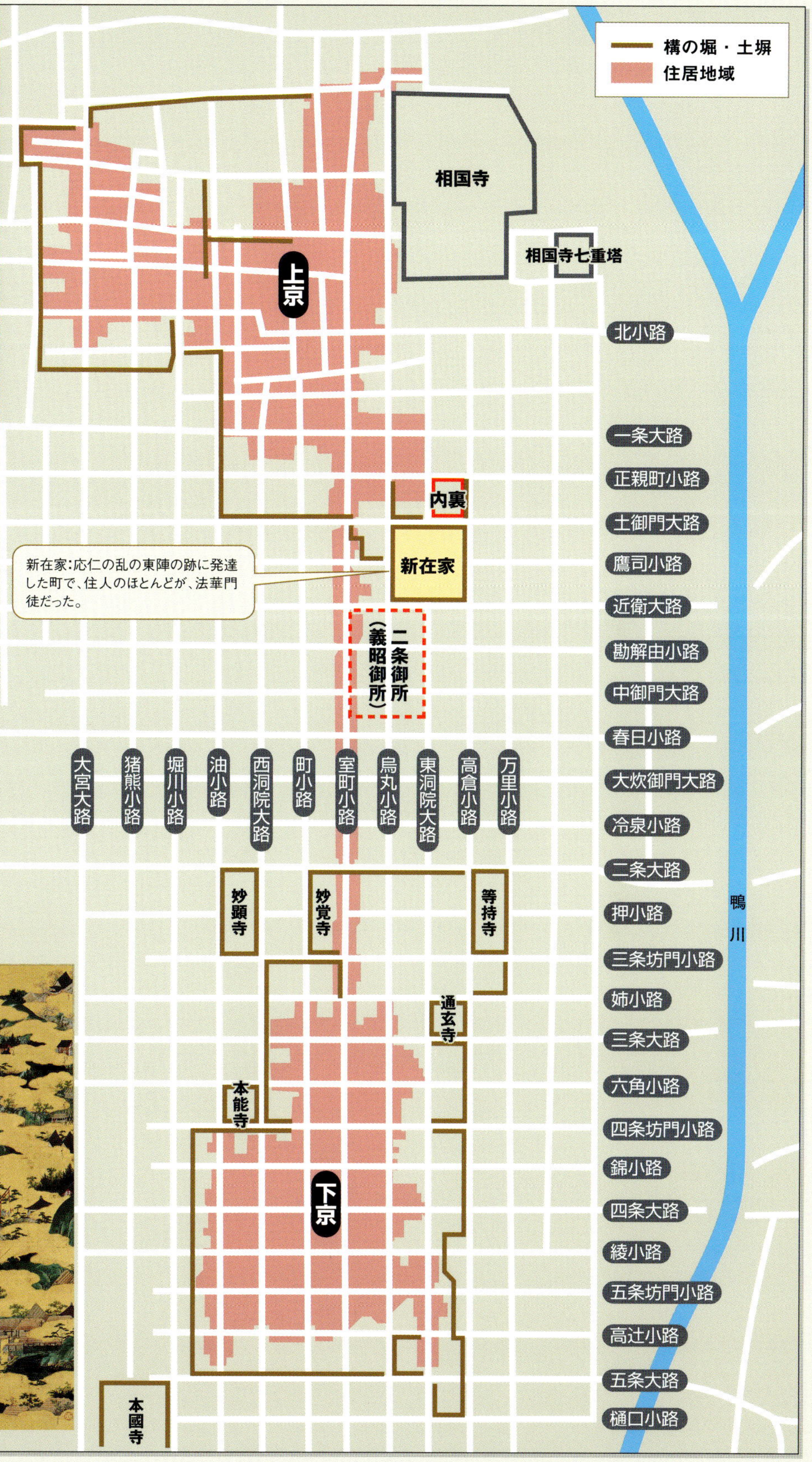

上京と下京の図

上京と下京の各惣町を結ぶのは南北一本の道、室町小路（室町通）だけであった。町はそれぞれ「構（かまえ）」と呼ばれる要害によって囲まれ、城塞化されていた。

信長と宗教

保護、利用、そして弾圧。信長と宗教の関係を京に見る

比叡山焼き討ち、一向一揆弾圧…。信長は厳しい宗教弾圧を行ったかのようにみえるが信仰そのものを否定したり、禁じたりしたわけではない。京における信長と宗教勢力の攻防を見てみよう。

信長VS仏教勢力

「神および仏のいっさいの礼拝、尊崇、ならびにあらゆる異教的占卜《せんぼく》や迷信的慣習の軽蔑者であった」と宣教師フロイスは信長の宗教観について記している。信長は、自身の天下取りを邪魔するものはたとえ宗教権力であっても容赦なく排除した。

有名なのは一向宗(浄土真宗)本願寺派との対決。巨大化した勢力はあちこちで反乱を起こし、十年もの間に渡って信長を苦しめた。

一向宗が主に農民を中心に信仰されたのに対し、京では公家や武家、有力町人を中心に法華宗(日蓮宗)が広く信仰されていた。はじめは信長も法華宗の僧を交渉役などに利用していたようだが、他の宗教や宗派を激しく攻撃し、武装集団化した法華宗に対し、弾圧に乗り出した。信長は宗教の世俗的な権威を嫌ったのだ。

キリスト教の保護

永禄十二年(一五六九)、信長と初めて会見した宣教師フロイスは、キリスト教布教を許される。信長がキリスト教を保護したのには寺社勢力を抑える意図もあっただろうが、初めて接した異国への興味が大きく影響したようだ。

南蛮具足に南蛮帽子…。その遺品からも信長が南蛮文化に魅了されていたことがわかる。ふたりの対面は十八回にもおよび、フロイスは信長の人物像や数々のエピソードを『日本史』に実に詳細に書き残している。

本能寺を宿所とした理由

信長が法華宗寺院である本能寺を宿所に選んだ理由は、広い伽藍《がらん》と周囲に巡らされた堀や土居など防備に優れていたからだといわれる。加えて本能寺と鉄砲の関係も興味深い。鉄砲伝来で知られる種子島の領主、種子島一族は法華宗の信者で、本能寺と深いつながりがあった。本能寺は京における鉄砲の入手ルートだったという説もある。信長が本能寺に目をつけたのにはそんな背景もあったのかもしれない。実際はわずか四回ほど宿泊しただけだが、その内部構造を漏らさないために信長以外の宿泊は固く禁じられていた。

南蛮図屏風(神戸市立博物館蔵)

宣教師たちがもたらしたのはキリスト教だけではなかった。さまざまな知識や技術、そしてファッション。ロザリオにマント、ひだ襟の服。宣教師たちのスタイルはやがて武将たちの間で最先端のトレンドとなった。

だいうす町

だいうす町とはでうす(天主)町のなまったもの。教会や礼拝堂があった、もしくは宣教師や信徒の居住地であったと考えられる。現在三ケ所が明らかになっている。

南蛮寺

天正四年(一五七六)に建てられたキリスト教教会。京での布教活動および南蛮文化の中心であった。安土では教会を突然訪れ、西洋楽器の演奏に耳を傾けることもあったという信長。南蛮寺にも足を運んだのだろうか。南蛮寺跡から発掘された礎石や煙管、硯などが同志社大学に保管されている。

本國寺

妙顕寺と双璧をなす法華宗の大寺院。義昭の仮御所となり、幕府再興の舞台となったが三好三人衆の襲撃にあう。江戸時代に水戸光圀の保護を受け、寺名を「本圀寺」と改める。現在は山科に移転。

妙覚寺

天文五年(一五三六)、天文法華の乱によって焼失。その後再建され、ほかの法華宗寺院と同じく防備にすぐれていたことから信長や信忠の宿所として利用された。本能寺の変の時、信忠が宿泊していたのもここ。

南蛮図屏風(部分)

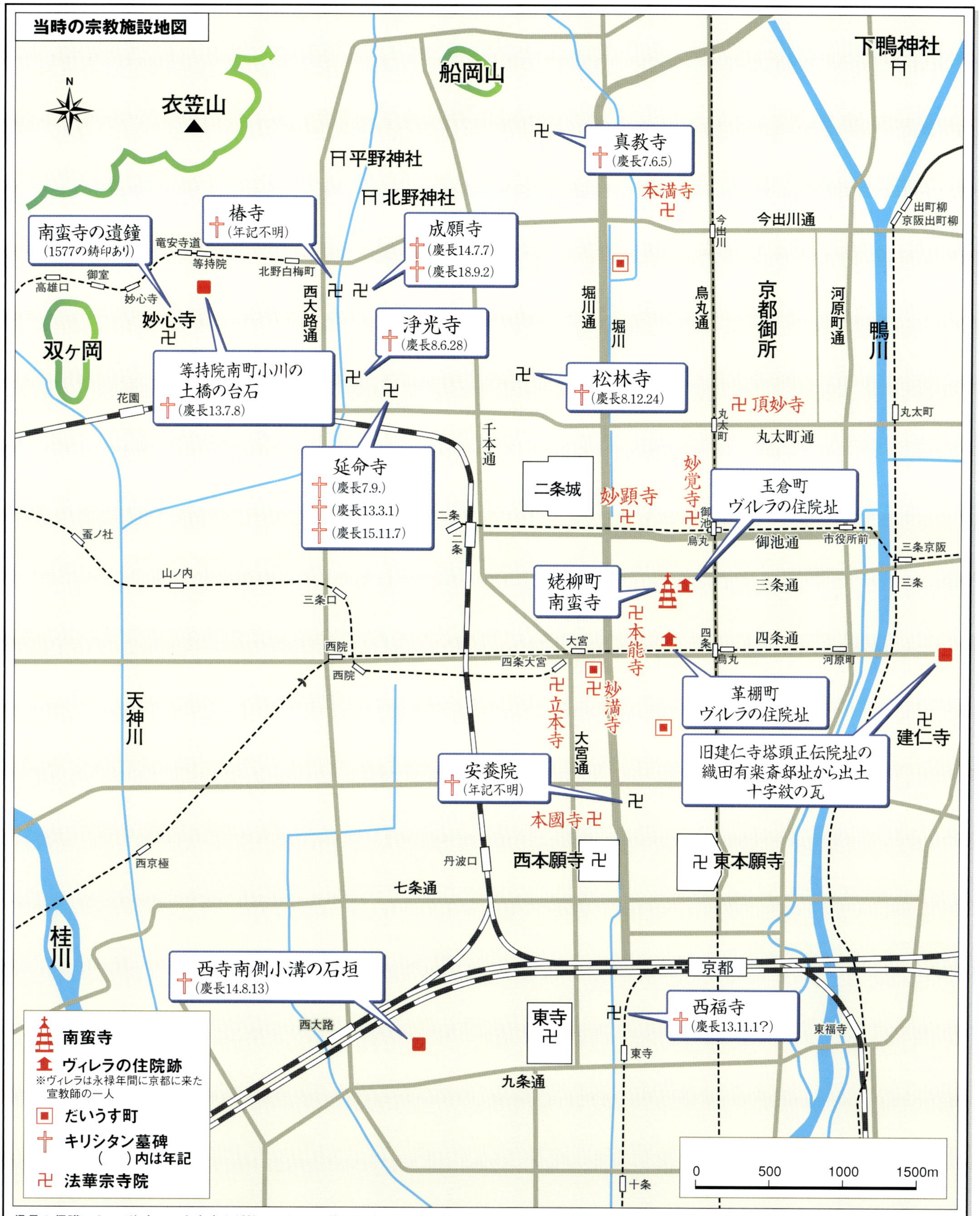

信長の保護によって洛中には南蛮寺など数々のキリスト施設が建設され、伝道活動はピークを迎えた。しかし秀吉の追放令や江戸幕府の禁止令によって迫害され、ほとんどの施設が姿を消した。妙顕寺を京の本拠地とした法華宗は大々的に布教を展開。比叡山勢力に攻撃された天文法華の乱以降もその勢力が衰えることはなかった。
（本図は學藝書林発行の『京都の歴史』掲載の「京都のキリシタン遺跡分布図」を元に作図し、加筆修正を加えたものです）

馬揃え

天下人・信長が仕掛けた一大軍事デモンストレーション

天正九年（一五八一）、二月二十八日。
信長は天皇の御前にて「馬揃え」を行う。
それは畿内の大名や公家までも参加させて行った
信長の天下を誇示するための一大軍事パレードであった。

御所
馬揃えのメイン会場となった内裏東側の広場。幅は東西一町（109メートル）、長さは南北八町（872メートル）に渡って馬場として整備された。まわりには柳が植えられ、装飾が施された天皇の御座所のほか公家、女官を迎える豪華な観覧席が設けられた。

信長、絶頂を極める

信長が正月に安土で行った祭「左義長《さぎちょう》」の評判が京にも伝わり、朝廷からの要請で京でも開催することになった。それが天正九年（一五八一）二月に開催された「馬揃え」である。内裏の東側に新たにパレード会場となる馬場を設営し、天皇らの観覧席を造営するという大掛かりなもので、行進には織田一族や分国の大名らが総動員された。

名馬を連ね、幟、指物をはためかせ、華麗な陣羽織に身を包んだ織田家の武将たち。この時信長はまるで中国の皇帝を思わせるような絢爛豪華ないでたちで最後に登場したという。前年、念願の一向一揆鎮圧や武田氏滅亡を果たした信長は、まさに天下を手中に収めたかのような自信と勢いに満ちあふれていたことだろう。パレード推定参加者数約六万、つめかけた見物人約二十万※。空前のスケールで行われたこの馬揃えによって、天皇以下、公家衆、そして京の町人にいたるまで、天下人・信長の力を思い知らされることになった。

※『明智光秀 つくられた「謀反人」』小和田哲男著による。

馬揃え奉行は明智光秀

この馬揃えの準備を命じられたのが明智光秀である。光秀は織田家臣でありながらも朝廷と強いパイプを持っていた。信長はこの馬揃えに近衛前久らの上級公家も参加させている。公家も信長の一勢力であるとアピールする狙いがあったのだろう。そのための朝廷工作も光秀に一任された。当時、馬に乗れる公家は少なく、また公家にとってはまるで臣下扱いのようなこの申し出。その調整は難航したに違いない。

信長の天下を知らしめた一大イベントの成功裏には、土木工事だけでなく公家との交渉までもこなした光秀の力があった。

馬揃え行軍順列

1 丹羽長秀
2 蜂屋頼隆
3 明智光秀
4 村井貞成

〈連枝衆〉※信長の子供や織田一族
5 織田信忠
6 織田信雄
7 織田信包
8 織田信孝
9 織田信澄
10 織田長益（織田有楽斎）
11 織田長利
12 織田勘七郎
13 織田中根
14 織田信氏
15 織田周防
16 織田孫十郎

〈公家衆〉
17 近衛前久
18 正親町季秀
19 烏丸光宣
20 日野輝資
21 高倉永孝
22 細川昭元
23 細川藤賢
24 伊勢貞景
25 一色満信
26 小笠原長時
27 馬廻小姓衆

〈越前衆〉
28 柴田勝家
29 柴田勝豊
30 柴田三左衛門
31 不破光治
32 前田利家
33 金森長近
34 原長頼
35 御弓衆

※順列は『信長公記』による。各武将はそれぞれ在地衆や従者を率いていたがここでは省略した。

馬揃え推定ルート

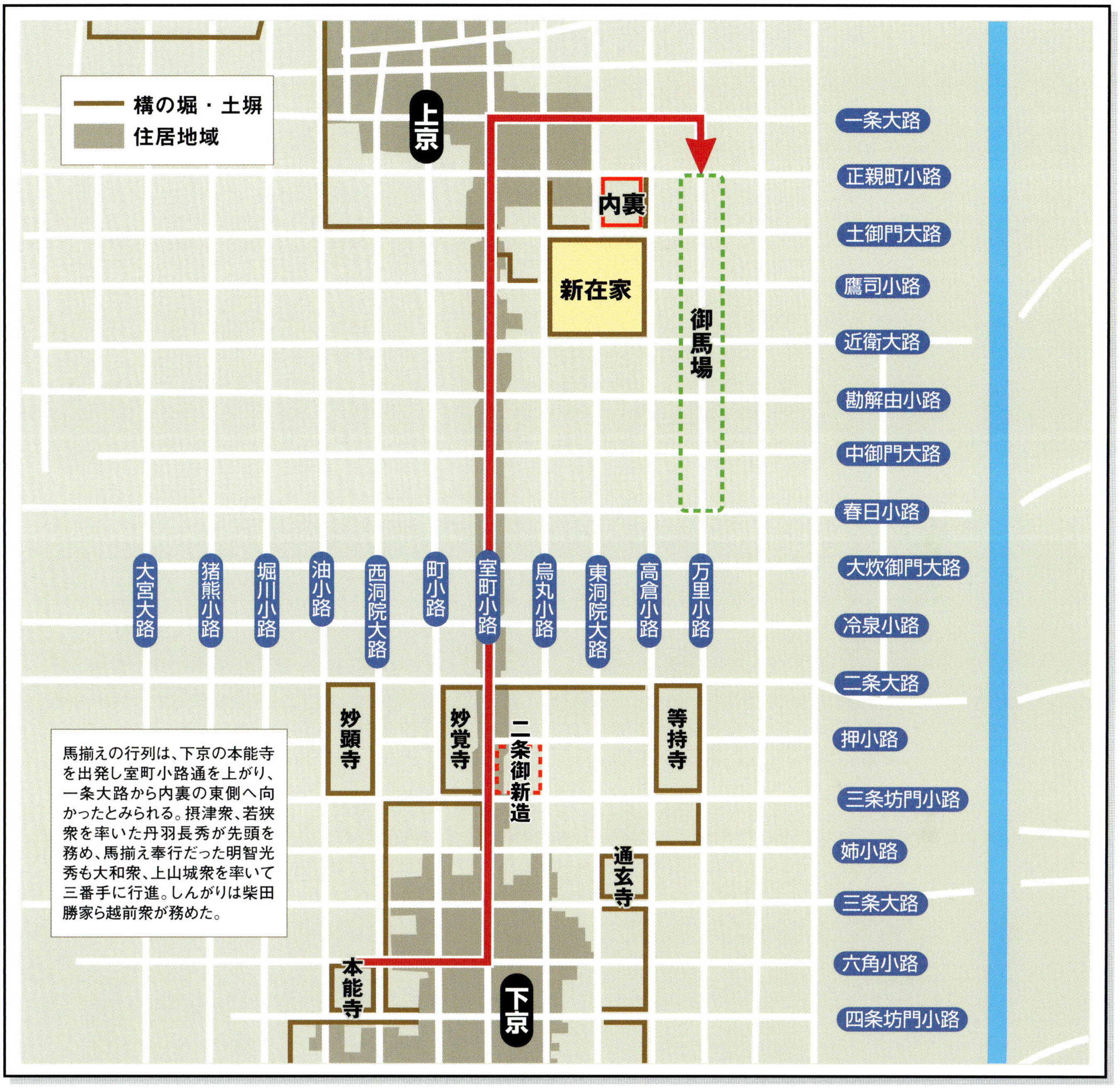

Topics

山内一豊の出世物語

この馬揃えの時、信長の目に留まった一頭の馬があった。それが、山内一豊が妻・千代の差し出した持参金で買った東国一と言われた名馬である。その値、なんと黄金十両。石高にするとおよそ三十石にあたる大金である。馬好きで知られた信長。「よくぞこの馬を織田家のものが手に入れた、よそに渡っていれば信長の恥になるところだった」と喜び、馬代として一豊に二百石を与えたという。

「お家の大事に使え」という養父の言いつけを守り、どんな貧しい時にもそのお金に手をつけなかった千代。信長の気性や好みまでも見抜いていた千代の決断が一豊の出世の道を拓いたのだ。

一豊の妻「千代」の銅像（高知市）
写真提供
財団法人高知観光コンベンション協会

【一大クーデター】明智光秀の謀反

光秀はなぜ反旗を翻したのか?

本能寺で明智光秀が織田信長を討った——。
それは紛れもない歴史的事実である。
しかし、なぜ光秀が信長暗殺に及んだのか、
その動機については
いまだ解明されるどころか定説さえない。
事件後四百年を経た今でも、
新説が登場するこの謎。
ここではそれらの諸説の中から
主なものを取りあげてみた。
あなたなら、どんな説を考える?

PROFILE

明智光秀 *Mitsuhide●Akechi*

?～天正10年(1582)
越前・朝倉義景に仕官したのち、信長の家臣へ。足利義昭を奉じての信長入洛や馬揃えでは、朝廷や公家とのパイプ役を務める。元亀2年(1571)、志賀郡に坂本城築城。天正7年(1579)には丹波を平定し、亀山城を居城に。同10年(1582)、信長に反旗を翻す。山崎の戦いにて秀吉に敗退、山科・小栗栖(おぐりす)にて死去、あるいは、生き延びたという説も……。

「明智光秀像」(岸和田市 本徳寺提供)

光秀単独説

[正義説]

土岐(とき)源氏の流れを汲む光秀。平氏を称する信長の将軍就任に危機感を抱いたという。また信長は正親町(おおぎまち)天皇の譲位を迫り、仲の良かった誠仁親王を天皇に据えようとしていた。誠仁親王の息子を養子としていた信長は天皇家乗っ取りも視野に入れていたのだ。これまでの秩序を大きく乱そうとする信長の暴挙が、朝廷とつながりの深かった光秀を立ち上がらせたのかもしれない。

[怨恨説]

「丹波の八上城攻めにおいて、人質となった光秀の母が殺された」「家康の饗応役において叱責を受けた」「右腕だった重臣・斉藤利三を稲葉一鉄に返すよう命じられた」「領地・坂本を召し上げられ、未支配地、出雲・石見への国替えを命じられた」…など、その根拠に挙げられる記述は多い。信憑性はやや低いものが多いが、信長が事件以前、光秀を冷遇し始めたことは確かなので、その積み重ねが原因となったことは考えられる。

[野望説]

フロイスの『日本史』は事件を光秀の利欲と野心が募りに募った結果と記している。世は下克上の時代。光秀のなかに織田軍におけるナンバー2との自負があったならば、信長を倒せば自分が天下人だ、との野望が生まれてもおかしくない。信長の今回の上洛はまさに千載一遇のチャンスであった。

公卿黒幕説

朝廷に無理難題を押し付ける信長に対し、危機感を覚えた朝廷側が抹殺を企んだ。最も信長に近かった公家の近衛前久が黒幕という説もある。上洛した信長が再び正親町天皇の退位を迫る可能性があったため、朝廷にとっても事件が起きた夜は抹殺の絶好のタイミングであったのは確かだ。

足利義昭黒幕説

信長によって追放された義昭が旧臣である光秀をそそのかした、という説。追放された後も名前だけは征夷大将軍であった義昭。京都復帰を狙っていたことは上杉氏に協力要請をしていることからも伺える。

豊臣秀吉黒幕説

天下人への野望を抱いていた秀吉が光秀と組んでいたことが疑われる。中国への応援要請という名目で秀吉が信長を京都におびき出し、光秀が謀反。中国大返しは光秀の口封じだったと考える。

徳川家康黒幕説

同盟を結んでいたものの信長に対して数々の遺恨があった家康が共謀していたのではないか。事件時、家康はわずかな供を連れて堺を見物中だったが、それもカモフラージュだったと考える。逃げ帰る時、光秀のゆかりの伊賀を通っているのも同志だったと考えれば合点がいく。

Topics

安土御献立

天正十年(一五八二)五月。光秀は安土城において家康の接待役を命じられている。その数日後には本能寺の変が起こっていることから、その接待を光秀謀反の動機に絡めて考えられることも多い。写真は『続群書類従』に記載されているその時のメニューを再現したもの。圧倒されるような質と量。素材にも料理法にも贅が尽くされた、当時の最上級のもてなしだといえるだろう。

「拾伍日をちつき」安土到着時

- **本膳** 鮹、鯛の焼き物、菜汁、香の物、鮒のすし、御飯
- **二膳** うるか(鮎の内臓の塩辛)、うちまる(鰻)、ほや冷や汁、ふとに、鮑、はも、鯉の汁
- **三膳** やきとり、山芋、かさめ(わたりがに)、にし、鱸汁
- **四膳** まきするめ、しぎつほ(鴨肉をつめた茄子)、鮒汁、しいたけ
- **五膳** 真鰹、しょうが酢、ごぼう、鴨汁、削り昆布
- **菓子** やうひもち、豆飴、みの柿、花煮昆布、から花

※『続群書類従』より

「安土御献立」再現写真

「安土御献立」再現写真　調理／東京福祉大学 名誉教授 名誉博士 学校法人 茶屋四郎次郎記念学園 理事長 中島範
学校法人 茶屋四郎次郎記念学園 教授 堅山翠　学校法人 茶屋四郎次郎記念学園 教授 和田恵美子
写真提供／中島範

本能寺の変、前夜

天正10年（1582）5月。迫り来る運命の刻 光秀の直前の行動を追う

時は今　天が下知る　皐月かな（明智光秀）

愛宕山での連歌会で光秀が詠んだ発句。その解釈には二種類の説がある。

解釈①

源氏の土岐氏の血脈を受け継ぐ、自分こそが天下を治める五月だ

「時」を自分の出自の土岐氏にかけ「天が下知る」を「天下を取る」にかけているとの説。光秀自身の野望を表現していることになる。

解釈②

今こそ危急存亡の時、天が下界のことをすべて見ている五月だ

「時は今」が三国志の「危急存亡の秋」を意味しており「天が下知る」を「天が下界すべてを見ている」を意味するとの説。信長の野望を光秀が危惧していることになる。

五月二十八日　愛宕山の光秀

戦勝祈願のために光秀は愛宕山（あたごやま）にいた。この日、光秀は「愛宕百韻」と呼ばれる連歌会に出席し有名な発句（右参照）を披露している。この時すでに光秀の決意は固まっていた。

五月二十九日　信長入京

信長はごく少数の供を連れて入京。宿所の本能寺に入った。一方、丹波・亀山城に戻った光秀は、信長と信忠の上洛を知る。まだ光秀の企てを知る者はいない。

※この年の五月は小月で、三十日はない。

六月一日　光秀、京へ向かう

信長はこの日、公家や有力商人たちを招いて大茶会を開いた。安土城から運ばれた数々の名物茶器が披露された。その後、信忠も交えて酒宴となり、信長が床についたのは信忠が妙覚寺に戻った深夜のことだった。この頃、光秀は自軍に対し「信長に軍勢を見せるため」と嘘の説明をし、一万三千の兵とともに亀山城を出発。

六月二日　未明　光秀軍、桂川到着

光秀、重臣たちに謀反の意を明かす。場所は源氏にとって由緒のある篠八幡であったといわれる。桂川まで進んだ時、光秀は全軍に鉄砲や装束など戦闘準備をさせ「敵は本能寺にあり」――その決意を告げた。

六月二日　早朝　本能寺襲撃

「出世は手柄次第」。そう告げられた軍勢はいきり立ち、京へ流れ込んだ。本能寺をびっしりと囲んだ明智軍。雨も上がった夜明け間近、一斉に攻撃が開始された。

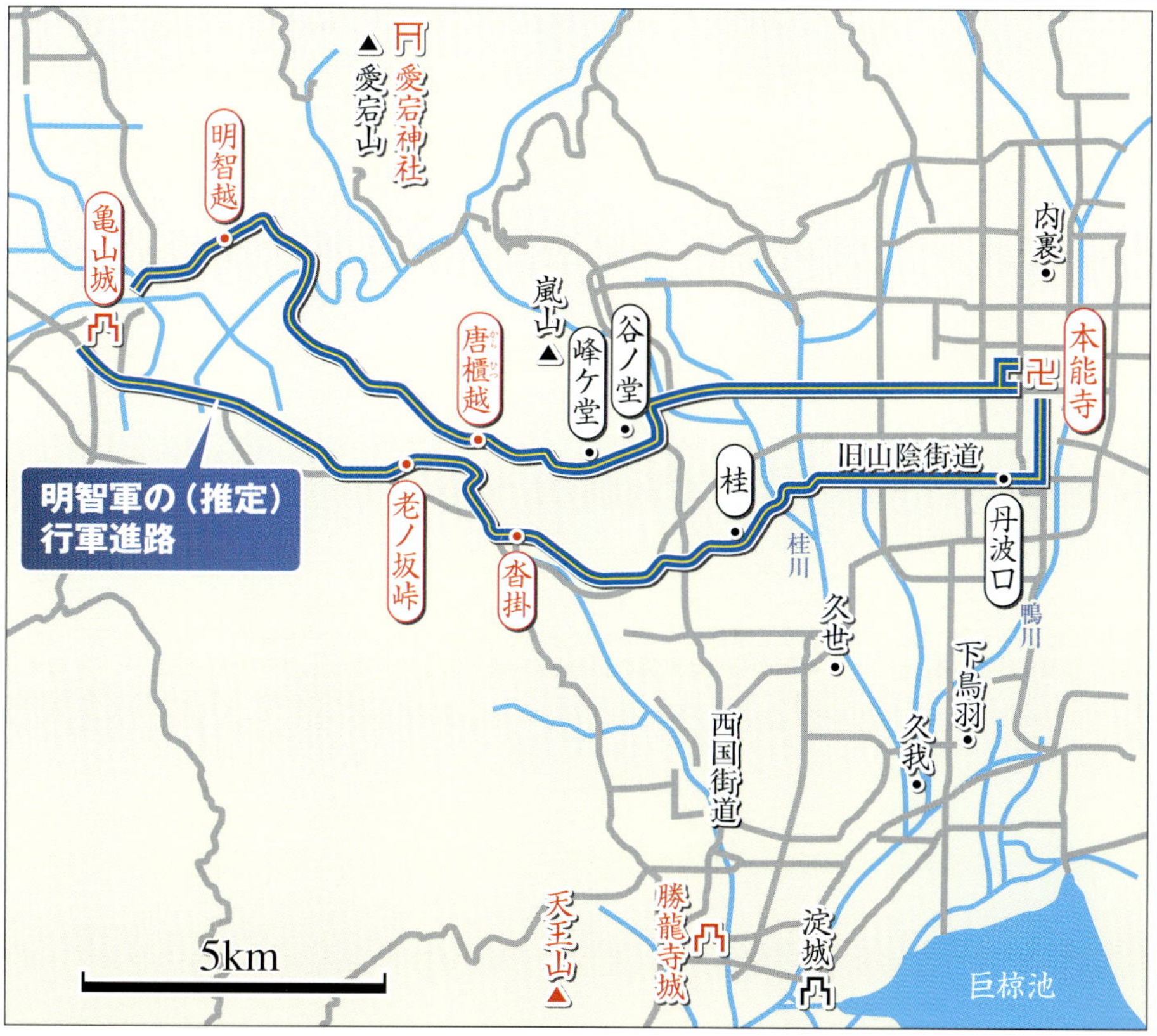

光秀の行動図

5月26日、光秀は中国出陣に備えて坂本城から丹波亀山城に移った。翌日から、光秀は愛宕山に滞在している。6月1日、光秀は軍を野条から老ノ坂（おいのさか）に進め、沓掛（くつかけ）で小休止し、桂川に出たというのが定説であるが、京へ別ルートで行ったという説もある。「保津より北東の水尾村（現・右京区）に至る峰づたいの道」で、今も明智越という名で細道が残っているという。信長に絶対気付かれてはならない進軍。用意周到な光秀のこと、主要ルートであった丹波街道を避け、この道を通った可能性も否定できない。

信長の上洛の理由

なぜ信長は上洛したのか？中国征討の陣頭指揮を執るというのは名目に過ぎず、主な目的は朝廷工作や武器手配にあったと思われる。また事件前日に信長は有力者を招いて盛大な茶会を催している。信忠も同時に入京していたことから、茶会では信忠のなんらかの任官決定を受けて御礼とさらなる協力要請がなされたとも推測される。三十八種類もの自慢の逸品が運ばれていることから、茶会そのものが主な目的だったのかもしれない。

本能寺の変

本能寺における信長と明智軍の攻防

天正十年(一五八二)、六月二日早朝。光秀のクーデターは成功し戦国の覇者であったはずの信長は、京の地で灰燼と帰した。享年、四十九歳。"人間五十年"を目の前にして信長の天下も、夢幻のごとく消えた。

人間五十年
下天の内を比ぶれば
夢幻の如くなり

【織田有楽斎は人ではない?】

この時、二条御新造には信忠とともに後に茶人として名を馳せる織田源五郎長益(有楽斎)がいた。信忠の自害を知るや、長益は味方を欺いてまで逃げ出し、京の町衆の笑い草になったという。

【信長VS光秀】焔に包まれた壮絶な最期

寝所で眠っていた信長は、外のただならぬ騒ぎで目を覚ます。続く鬨《かちどき》の声、そして銃声。様子を見に行った森蘭丸が光秀の謀反を知らせると、信長は「是非に及ばず」と言残し、自ら弓と槍をとって戦ったという。数少ない兵とともに奮闘した信長だったが、敵の槍を肘に受け傷を負う。この時、信長の心中に去来したものは何であったのか。たったひとりで奥の間に入った信長はその後、切腹したとも火を放って生きながら焼かれたともいわれている。光秀軍の懸命の捜索にも関わらず、その遺骸は見つかっていない。信長と懇意であった阿弥陀寺の清玉上人が遺骸を火葬し、遺骨を寺に持ち帰ったという記録もあるが定かではない。信長の最期もやはり謎に包まれている。

【信忠VS光秀】必死の防戦実らず、二条御新造に死す

妙覚寺にいた信忠に、京都所司代の村井貞勝から本能寺異変の一報が入る。妙覚寺と本能寺との距離は約一キロ。信忠は本能寺に向かおうとするが敵兵に阻まれ進むことができなかった。貞勝は防御にすぐれた隣接する二条御新造に移って戦うよう進言。御新造に入った信忠は、光秀にしばしの休戦を申し出て、誠仁親王を無事退去させる気遣いを見せている。明智軍一万三千に対し、信忠軍は五百。二条御新造には鉄砲や弓などの武器がなかったため、防戦一方となった信忠軍は全滅、信忠も自害した。

幾つもの傷を負いながら自らも太刀をふるって奮戦した信忠。信長の嫡男の名に恥じない二十六年の生涯であった。

織田の源五は人ではないよ
お腹召せ召させておいて
われは安土へ逃げる源五
大水出て織田の原なる名を流す

本能寺跡

中京区蛸薬師通油小路上ル

信長終焉の地、本能寺跡。天正八年(一五八〇)に信長専用の宿所とするために堀を巡らし土居を築くなどより防衛機能が高められていたという。焼失後、秀吉によって現在の場所(河原町御池)に移された。

MAP No.8 C-2

大徳寺塔頭総見院

北区紫野大徳寺町

本能寺の変の百日後に、信長の葬儀が執り行われた大徳寺。境内の一番奥に信長の一族の墓石が並ぶ。これらは普段は非公開だが毎年十月第一日曜日から十二月第一日曜日の十時〜十六時に限り一般公開される。

建勲神社

北区紫野北舟岡町49

信長と信忠をまつる神社。明治十三年(一八八〇)に東京より船岡山に移される。船岡山は秀吉が信長の菩提を弔う寺の建立を計画したゆかりの地。信長の好んだ「敦盛」の句碑がある。

MAP No.3 A-2

織田木瓜紋がついたお守り

織田家の木瓜紋がついた御守。建勲神社でしか手に入らない、ファンにとってはまさにお宝。500円。

光秀は生きていた？ Topics

秀吉との戦いに破れた光秀は、逃亡中、山科の小栗栖で農民の落武者狩りにあって落命したといわれている。だが秀吉のもとに届けられた時、その首はすでに誰の首か見分けがつかないほど傷んでいたという。そのことから光秀は生きていたのではないか?という異説も生まれた。その根拠を見てみよう。

比叡山に寄進された石灯籠

比叡山延暦寺長寿院に「光秀」の名によって寄進された石灯籠がある。問題なのはその日付。本能寺の変から33年後にあたる慶長20年2月となっており、本人が贈ったものとすれば、豊臣家滅亡が近いその頃まで光秀が生きていたことになる。

位牌と肖像画に残された文字

明智光秀像
（岸和田市 本徳寺提供）

大阪・岸和田の本徳寺に光秀の位牌がある。その裏に慶長4年（1599）に光秀が寺を寄進したことを意味する「当寺開基慶長四巳亥」との文字がある。またこの寺には光秀の唯一の肖像画が残されており、その絵にも光秀が仏門に入っていたと解釈できる「放下舟三昧去」という文字があるという。光秀の子が住職を務めたこともある本徳寺。光秀にとっても縁の深い寺であることは間違いない。

本徳寺

家康に重用された「天海僧正《てんかいそうじょう》」が光秀だった？

家康のブレーンとして知られる天海僧正。謎多きこの人物が、出家した光秀ではないかという説もある。年齢的にも合い、位牌の残る慈眼寺の寺号と天海の諡号（しごう）が同じ「慈眼」で一致すること、日光東照宮の陽明門を守る武士の紋が光秀の「桔梗」であること、日光に天海は「明智平」という地名を残していること…などが根拠とされる。

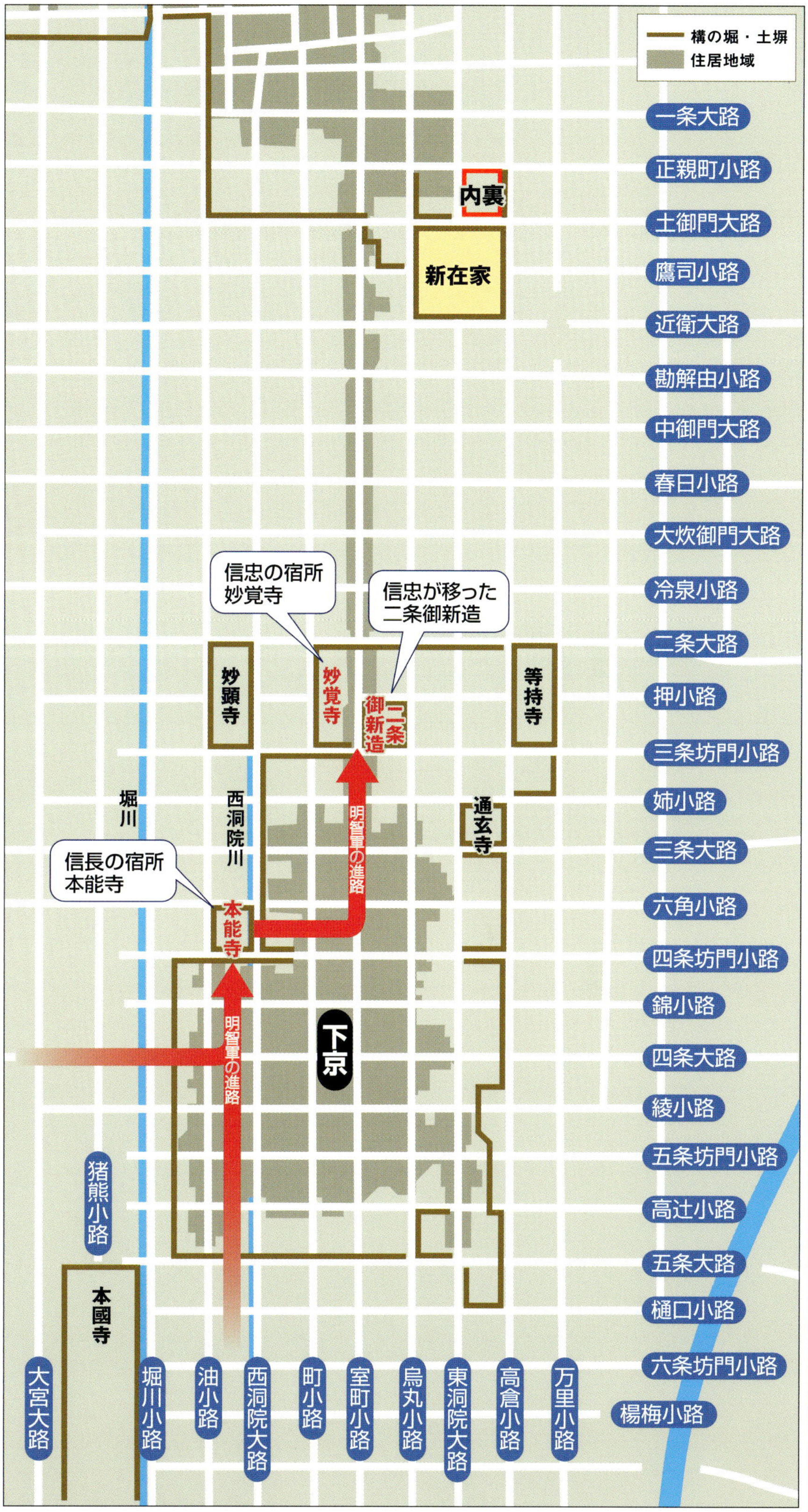

信長、信忠vs 光秀攻防図

光秀軍の先鋒は斎藤利三が務めた。各町の構を開かせ、軍勢を幾手かに分けて信長のいる本能寺と信忠のいる妙覚寺へと向かわせた。「本能寺の森を目印に、暗がりを進め!」利三の指揮で奇襲はスムーズに進んだ。そして午前4時、本能寺を完全に包囲。旧暦の6月2日といえば新暦の7月1日。空が白み始めるその時を見計らったのも戦略家の光秀らしい。

【天下統一】

秀吉の都市改造と天下統一への道

天正10年(1582)本能寺の変で主君信長が
明智光秀に討たれると、秀吉は山崎の弔い合戦で光秀を討ち、
信長の遺志を継いで天下統一への道を疾走した。
3年後、朝廷より関白の官位と「豊臣」の姓を賜り天下人となった秀吉は、
京の町を「安寧楽土」にするための都市改造に取り組んでいく。
その壮大な都市計画の先に見た野望とは——?

「豊臣秀吉像」(写真提供:高台寺)

PROFILE *Hideyoshi●Toyotomi* **豊臣秀吉**

天文6年(1537)～慶長3年(1598)
尾張中村の農家に生まれ、流浪の後に信長に仕え、出世を重ねる。本能寺の変後、山崎の合戦で明智光秀に勝利し信長の後継の地位を得る。大坂城での天下人宣言、関白太政大臣任官後、敵対する徳川家康を服従させ、小田原城を落とし、天下統一を達成した。政策では刀狩りや検地で兵農を分離し、近世封建制の基礎を築く。また、茶の湯や芸能、祭り事にも造詣が深く、下克上終末の世に貴族文化と庶民文化の融合する豪壮華麗な桃山文化を花開かせた。

現代の京都の都市景観は秀吉によってつくられた?

戦乱で焼失した都を復興

十年におよぶ応仁・文明の乱で京の町は焦土と化し、華麗な平安京時代からの都は姿を消した。この京の町を天下統一の拠点にふさわしい近代都市として、最初に復興しようとしたのは織田信長だった。

しかし天下統一は信長ではなく、秀吉によってなされる。信長の跡を継いだ秀吉は、本格的な京都改造計画に着手した。

秀吉が都市改造で目ざしたのは「安寧楽土《あんねいらくど》」の城下町。平和で政情が安定し、自由経済によって商工業が栄える町づくりだ。平安京以来の古都を「新しい首都」に改造することで、豊臣時代の到来を宣言したのである。

秀吉がめざした城下町

秀吉はまず、町の中心に新政権のシンボルとなる城「聚《じゅ》楽第《らくだい》」を建て、その周囲に武家町、公家町、寺町をつくった。このように身分によって住む場所を明確に分けたのは秀吉が最初で、税徴集や都の防衛に効果を上げた。さらに、平安京以来の碁盤の目の町割りに新道を通し、現代の京都に見られる「短冊型」の町割りに改造した。道路の幅に差はあるが、京都の街区は今もほぼ当時のままの姿を残す。仕上げに、京の町全体を「御《お》土居堀《どいぼり》(土塁と堀)」で囲んだ。

改造後、短冊型の街区には、より多くの町家や商店が建ち、商工業が活性化。京の人口は倍増し、大都市として発展した。

「見せる城」で権力を演出 秀吉は天才プロデューサー

現代なら偉大な建築家?

主君の草履を懐で温めた話は有名だが、秀吉の本領はそれだけではない。信長も一目置いた才能は、秀吉の卓越した築城技術である。ここでは、天下取りの過程で秀吉が造営した数多くの建造物にも注目してみたい。

「普請狂《ふしんきょう》」と呼ばれた秀吉は、生涯に百近い城郭を建て、多数の寺院造営、都市計画に携わった。その多くが後の建築に影響を与えた独創的なものである。それまで軍事的施設だった城郭に、庭園や茶室などの遊興施設を取り入れ、「見せる城」「ステータスシンボルとしての城を創ったのも秀吉だ。

時代を謳歌する流行発信者

乱世を脱し、平和を取り戻した京の町には、茶の湯をはじめ、絵画・能楽・南蛮文化などが自由奔放に花開いていった。

秀吉自身もまた、ペルシャ紋様の陣羽織や金蒔絵の軍配を愛用し、茶の湯や能楽に心酔した。

「黄金の茶室」に代表される豪華絢爛と遊び心を好む秀吉は、祭りや遊興にも前代未聞の斬新なアイデアを次々と繰り出す。それまで上流階級のものだった茶の湯や花見の宴も、気軽に楽しめるよう一般庶民に広めて大盛況を得た。

自由闊達な庶民の躍動がみなぎる桃山時代。秀吉はその華麗な時代を演出したプロデューサーだった。

プロデューサー
秀吉の京都での業績

築城・都市改造

【京都プラン】

天正14～19年 *1586～1591*

- **聚楽第の造営** 平安京跡に新しい政庁をかねた黄金の豪邸を設立。天下人の権力を示す。
- **町割り** 都の人口増加に備え、宅地を有効に使える新しい町割りを設定。
- **寺院街の形成** 武家町・公家町に続く寺町の形成で身分による居住地の区分けを設定。御土居の内に寺院を林立させることにより、洛中の防衛力も強める。
- **御土居堀の造営** 京都城下町化プランの総仕上げ。京都の町全体を囲む城壁「御土居堀」によって洛中と洛外を分ける。

天正14～文禄4年 *1586～1595*

- **方広寺大仏殿の建立** 聚楽第と並ぶ豊臣政権のシンボル、奈良の大仏を超える黄金大仏を建立。

天正18年 *1590*

- **三条大橋の架設** 小田原討伐の際、日本初の石柱橋を架設。小田原出陣・凱旋のシンボルとなり、後に東海道との交通路として栄える。

【伏見プラン】

文禄元年～文禄3年 *1592～1594*

- **指月伏見城・向島城の造営** 月の名所に建てた隠居所を後に城郭へ改造。その出城として向島城を設立。

慶長元年 *1596*

- **木幡山伏見城の造営** 地震で倒壊した指月伏見城に替わり、木幡山に場所を移して建てた伏見城。秀吉が晩年を過ごし、死を迎える最後の城。
- **伏見の城下町化** 伏見城の築城とともに宇治川を整備し、大規模な港を備えた城下町を築く。

5大イベント

天正13年 *1585*

- **禁裏の茶会** 禁裏（天皇の宮殿）で初めての茶会を開催し好評を得る。翌年には黄金の茶室を禁裏に持ち込んで茶会を開催。

天正15年 *1587*

- **北野大茶会** 身分・国籍問わず、誰でも参加できる前代未聞の開放的な茶会。当日は800人をこえる参加者を集め、上流階級の特権だった茶の湯を一般庶民に広めた。

天正16年 *1588*

- **天皇行幸** 聚楽第に後陽成天皇を招待し、酒宴、管弦、和歌、音曲で盛大に接待。3日間の予定を五日に延長する盛況ぶり。

天正17年 *1589*

- **金くばり** 公家や大名を聚楽第に招き、金銀の大判小判をくばって財力をアピール。徳川家康は宮家と同額の黄金二百枚、銀一千枚をもらったという。

慶長3年 *1598*

- **醍醐の花見** 秀吉の家族・大名ら総勢1,300人の大規模な花見の宴。700本の桜を参道に移植させて桜並木をつくった、秀吉最後の大イベント。

秀吉は京都を城下町として復興させた!

秀吉が目指した城下町とは?
1 街の中心に城を配置。 2 城の周囲に家臣・商工業者を集住させる。 3 寺院を集中的に配置。 4 街を堀や城壁で囲む。

迷走する晩年 極めた栄華も夢のごとし

アジア支配を夢見た野望

小田原で北条氏を降伏させ、天下統一を果たした喜びも束の間、翌年弟・秀長の病死を境に秀吉の出世劇は暗転する。

千利休や甥の秀次を自刃に追いやった陰惨な処罰、無謀な朝鮮出兵による多大な犠牲、国内の疲弊、大地震による方広寺大仏殿の崩壊など、豊臣政権の権威は地に落ちつつあった。豊臣家の未来を憂いながら秀吉が詠んだ辞世の句は、まさに盛者必衰の心境を表している。

つゆとおち　つゆときへにし　わがみかな
なにはのことも　ゆめの又ゆめ

耳塚

東山区大和大路通茶屋町
MAP No.9 A-1

秀吉の病死後、徳川家康と前田利家の戦後処理により、日本と朝鮮の両国民を苦しめた戦争はようやく終わった。その十七年後、豊臣家は徳川によって滅ぼされ、露と消えるのである。

Topics 晩年の迷走を伝える負の遺産耳塚

日本史に名を残すとともに、悪名も残してしまった秀吉。関白就任後、信長が果たせなかったもうひとつの夢、国際舞台への参入に野望を燃やす。中国大陸の明を服属させるための足掛かりとして、まず朝鮮に侵略戦争を起こすのである。

文禄元年（一五九二）と慶長二年（一五九七）の二度にわたる出兵が大敗に終わったことは周知のとおりだが、この戦争が朝鮮側にもたらした被害は大きく、現代まで両国間にしこりを残す汚点となった。その象徴が方広寺の門前、正面通の南側に建つ「耳塚（鼻塚）」である。当時は討ち取った敵方の首を持ち帰るのが慣例だったが、朝鮮は遠方のため耳や鼻で代用したという。

樽に詰められて送られてきた無数の塩漬けの耳鼻は、大仏殿の傍らに塚を築いて埋葬した後、五山の僧四百人によって法要が行われ、丁重に供養されたと『義演准后日記』に記されている。

聚《じゅ》楽《らく》第《だい》

秀吉の栄光を象徴する黄金の豪邸。幻と消えた夢の残像をたどる

関白に任官し「豊臣」の姓を受けた秀吉が、京都改造の第一歩として建てた、城郭なみの規模を誇る豪邸「聚楽第」。天皇行幸、諸大名への金くばりなど、黄金期の大イベントの舞台となるも、わずか九年で破却された。そんな幻の城の遺構を追い、天下人の栄枯に想いを馳せよう。

天下人の名を世に知らしめた黄金の居城の全貌とは？

大内裏の跡地に築いた新しい政治と文化の拠点

「聚楽」とは「長生不老の楽しみを集める」の意。「第」は「邸」を意味する。秀吉の京都での邸宅兼政庁となる聚楽第は、関白就任翌年の天正十四年（一五八六）から造営がはじまった。

「天下普請」と名づけた建築工事には、全国から木材・石材・人足が集まり、邸といえども城郭なみのスケールを誇る、政庁を兼ねた大豪邸が完成した。秀吉に取り入ろうとする諸大名が競って工事を進めた成果か、この聚楽第は一年余りという異例の早さで造営を終えている。

聚楽第の周辺には、秀吉の茶頭・千利休や徳川家康をはじめとする諸大名の屋敷も造られ、豊臣政権の基盤を固める京都改造の第一歩が踏み出された。御所に最も近く、京都のルーツである平安京の大内裏跡地を聚楽第建設地に選んだのも、今や朝廷をしのぐ権力を象徴する意図があったのだろう。

ヨーロッパ人も驚いた台所まで金箔張りの城

秀吉が好んだ黄金の輝き、豪壮華美な意匠。それらは聚楽第にもふんだんに取り入れられ、絢爛たる桃山時代の建築美の基ともなる。「壮大かつ華麗」「木造建築としてこれ以上は望めない」。宣教師フロイスは『日本史』の中で聚楽第を絶賛し、屋根から外装・内装・調度品にいたるまで「ことごとく金が塗られていた」と驚いた。近年の発掘調査で、それを裏づける金箔瓦も多数発掘されている。

天正十六年（一五八八）、この聚楽第で催した後陽成天皇の招待会も大成功。朝廷の権威を借りた秀吉は諸大名への支配を一層強め、強敵・徳川家康にも服従を誓約させる。翌年には「金くばり」と称して公家大名に金銀を与えるイベントを開くなど、当時の聚楽第と秀吉の栄華は最高潮を極めていた。

わずか九年で破却された理由とは？

天正十九年（一五九一）、秀吉の後継ぎ・鶴松がわずか二歳で病死すると、聚楽第は関白職とともに甥・秀次に譲られた。しかし文禄二年（一五九三）に淀殿との間に再び実子・秀頼が生まれ、秀次はしだいに秀吉から疎まれるようになる。

老齢で得た愛児のために、一度は譲った後継を取り戻したくなったのだろう。文禄四年（一五九五）の七月、秀次は謀反の疑いをかけられ、高野山に追放の後、自刃させられてしまう。

さらに同年八月には、秀次の妻妾子女三十九人も三条河原で処刑される。秀次と妻子の居城だった聚楽第も破却され、姿を消してしまうのである。

この謀反疑惑は石田三成らの陰謀ともいわれ、秀次一族の根絶、聚楽第破壊は痕跡も残さぬよう徹底して行われた。豪奢を極めた西本願寺の飛雲閣《ひうんかく》、大徳寺の唐門などがわずかに残った遺構と伝えられるが、その真否も定かではない。

秀次とその一族を祀る 瑞泉寺

中京区木屋町通三条下ル

高野山で自害した秀次の首と三条河原で斬殺された三十九名の妻妾子女の墓所。悲惨な処刑の様相を描いた資料も展示され、秀吉の晩年の迷走を伝える。

MAP No.7 C-1

「聚楽第の面影をたずねて」

「聚楽第屏風」にも描かれた 梅雨の井

聚楽第跡地に残る唯一の遺構。梅雨になると水位が上がることからその名がついた。今は水も枯れ、バブル期に地上げされた周囲は空閑地になっている。

上京区下長者町通大宮西入

MAP No.5 C-2

小学校北東角に標柱のみが残る 聚楽第址石碑

上京区中立売通裏門南西角

MAP No.6 A-1

境内の段差が堀の名残り 松林寺

通りから寺門前、門から本堂、本堂から裏地までが三段階の急な段差になっている。この段差は聚楽第の外濠の跡といわれる。

上京区智恵光院通出水下ル

MAP No.6 A-2

「聚楽第行幸図」（堺市博物館所蔵）
後陽成天皇を聚楽第に招いてのレセプション。京都に軍事的な城は似つかわしくないと、秀吉は都にふさわしい雅びな政庁をプロデュースし、天皇を大いに満足させた。

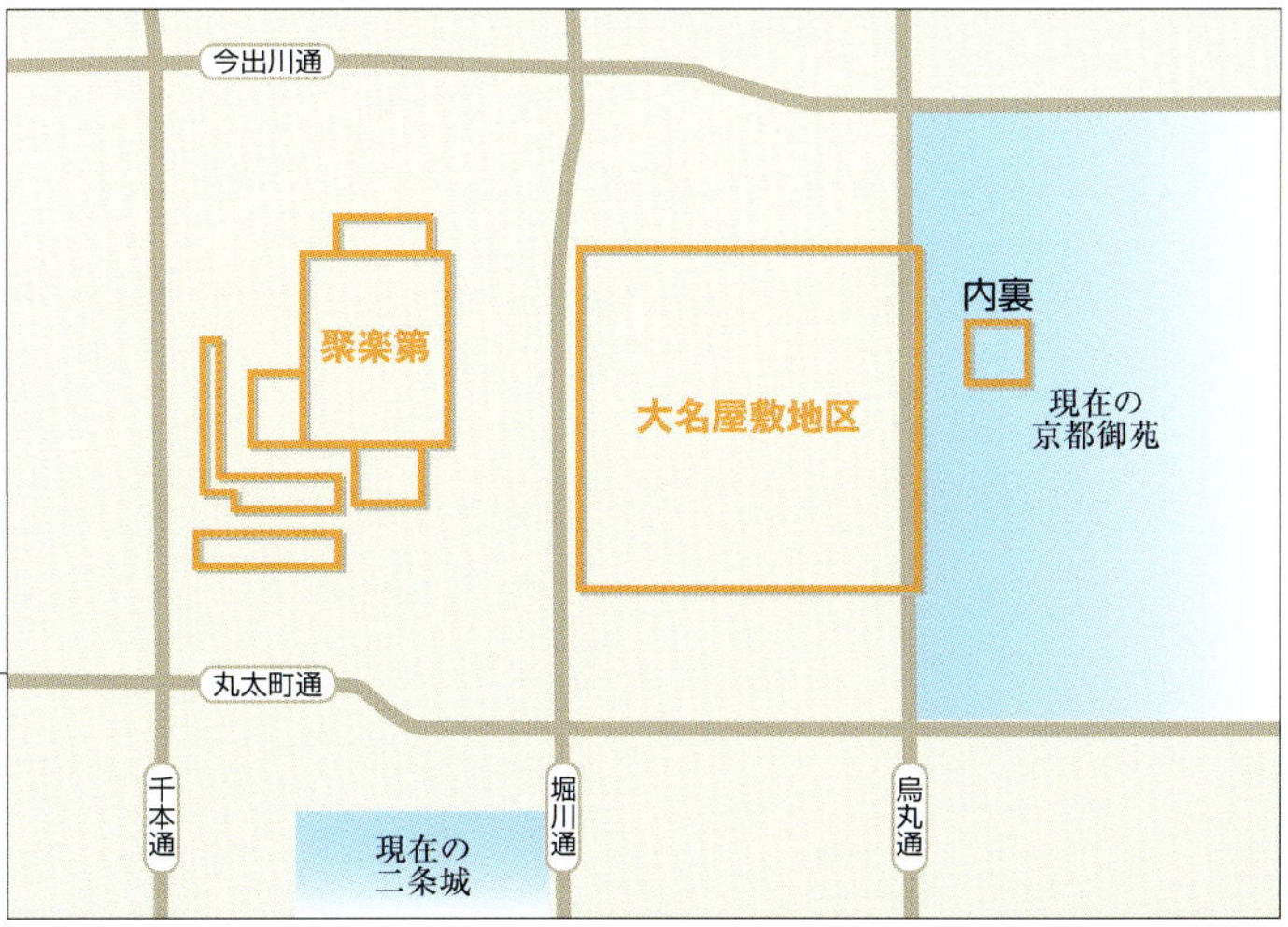

聚楽第と大名屋敷、内裏の位置関係

北は一条一筋北、南は丸太町、東は堀川、西は千本の各通りを外郭とする広大な敷地。内郭の堀は四方全長約千間。その中心に本丸、二の丸、北の丸、西の丸があったという。堀と石垣を巡らせた城郭スタイルの邸宅周辺には、徳川家康ら諸大名も屋敷を構えた。

『京都府埋蔵文化財情報』第84号（2002年6月刊）掲載の図をもとに作成

Topics 聚楽第跡の土が育んだもの

聚楽ごぼうと聚楽壁

冬の京野菜として親しまれる堀川ごぼう（別名・聚楽ごぼう）は、聚楽第の跡地から生まれたといわれる。町人たちのごみ捨て場となっていた堀跡の土が良質の有機肥料となり、普通のごぼうの数倍太くたくましい堀川ごぼうを育てたのだろう。

また、茶室や町家などに見られる「聚楽壁」も、その名のとおり聚楽第の産物。主原料となる土に、西陣の聚楽第跡地付近から出る聚楽土を使う。黄褐色の壁地にわずかな黒点や錆の赤味が出た上品な風合いが特徴で、京都を代表する最高級の土壁として知られている。

天然の断熱・調湿作用を持つ聚楽壁。人に優しい自然素材として再注目され、店舗の内装としても人気が高まっている。
写真は聚楽壁を店舗の内装に使っている例。（写真提供／北区小山初音町15「京都今宮 蕎麦 初音屋」）

方《ほう》広《こう》寺《じ》大仏殿

仏や信仰さえも戦略に利用した?消えた黄金大仏と豊臣氏の悲劇

奈良東大寺の大仏をしのぐスケールの大仏が京にあった。秀吉が建立した京都の方広寺大仏の意味とは——?大地震や火災で四度も崩壊・炎上し、ついには焼失した黄金大仏の悲劇の運命を追う。

豊臣を栄光と滅亡に導いた大仏殿の皮肉な運命とは?

天下統一の夢を託した日本一のモニュメント

天正十四年(一五八六)、聚楽第造営とほぼ同じ頃、秀吉は方広寺大仏殿の建立に着手する。関白に就任し、全国統一には東の北条・西の島津を残すばかり。この勢いの時に、後世にまで己の名を残す権力モニュメントを造りたかったのだろう。建立地に選ばれた六波羅は、平家ゆかりの武士の地であり、また古くから「彼岸(あの世)と此岸(この世)の境界」とされる信仰の地でもある。

当時から日本一で知られた奈良東大寺の大仏殿は源平の争い以来二度にわたって焼かれ、さらに戦国時代に入って復興は難渋を極めていた。秀吉の大仏殿建立は、それを京で復興させる意図もあった。東大寺大仏にならいつつ、さらにスケールの大きな大仏を建立することで日本一を更新して見せたのだ。

度重なる災禍が豊臣家の運命を暗示

奈良に勝る日本一の大きさを誇り、秀吉好みの壮麗な金銅の大仏と豪奢な大仏殿は、豊臣政権のシンボルとなるはずだった。しかし度重なる災禍に襲われる大仏殿は、皮肉にも豊臣の栄光の暗転を象徴することになる。

秀吉の死後、方広寺大仏殿は秀頼によって再興されるが、それが豊臣家を滅亡に導く「鐘銘事件」へとつながっていく。鐘に刻んだ「国家安康」「君臣豊楽」の銘文を見た家康が「徳川家康の名を二分し、豊臣の繁栄を願う呪いである」と曲解。豊臣征伐の口実にし、大阪冬の陣へのきっかけとなったのである。

農民支配と朝鮮出兵に利用された大仏建立

秀吉は大仏殿建立中に「刀狩令」を出す。「没収した武器は大仏殿建立の釘やかすがいに用いる」。これは武器没収・一揆防止に格好の口実だったのだろう。また朝鮮侵攻の際には、軍用の造船に大仏殿の木材が流用されているとも言われる。

大仏殿建立には、最初から農民支配と朝鮮出兵の資材収集が意図されていたのかもしれない。何度復興しても災禍に見舞われる大仏殿の悲劇は、邪な意図で建立された寺の宿命なのか。

四回も崩壊・焼失した!大仏殿の悲劇

初代・秀吉の大仏

企画 天正十四年/1586
建立地を「東福寺近傍」と定め、諸大名に用材の献上を命じる。

着工 天正十六年/1588
建立地を三十三間堂の北側に変更し、建設開始。(天正十八年/一五九〇)小田原征伐などで工期が遅れる。

計画変更 天正一九年/1591
工期短縮のため、仏像を金銅鋳造(こんどうちゅぞう)から木造に変更。

完成 文禄四年/1595
大仏ほぼ完成。大仏殿で秀吉の父母の法要を開催。

崩壊 慶長元年/1596
京の大地震。大仏殿を残し、大仏崩壊。(慶長三年/一五九八)秀吉死去。

二代目・秀頼による復興

復興 慶長四年/1599
秀頼が父の遺志を継いで方広寺大仏を金銅鋳造で復興。

焼失 慶長七年/1602
鋳造中の失火により、大仏・大仏殿ともに焼失。

三代目・秀頼の再復興

再復興 慶長十三年/1608
秀頼が徳川家の勧めにより、再度大仏を復興。

開眼延期 慶長十九年/1614
梵鐘銘文(ぼんしょうめいぶん)に家康が異議をとなえ開眼供養延期。(元和元年/一六一五)大阪夏の陣で豊臣氏滅亡。

崩壊 寛文二年/1662
二度にわたる地震で大仏崩壊。

四代目・木造の修復仏

修復完成 寛文七年/1667
木造仏完成。

焼失 寛政十年/1798
大仏殿本堂に落雷。本堂、楼門、大仏焼失。

Topics

秀吉にあやかって出世開運!

「ほうこくさん」の名で親しまれる豊国神社は、秀吉を祭神とする「出世開運」の神社だ。足軽から天下人に登りつめたサクセスストーリーにあやかり、秀吉の馬印「瓢箪」の形をした絵馬で祈願する人が絶えない。秀吉は戦に勝つごとに瓢箪を増やし、ついには千成瓢箪になったと伝えられるが、願い事を書いた絵馬が鈴なりになっている様は、まさに「千成瓢箪」だ。ドラマで秀吉を演じた役者やブレイクを願う芸能人の参拝も多く、絵馬の中にお馴染みの名前を見つけることができる。

秀吉を祀る 豊国神社

東山区大和大路通正面茶屋町
国立博物館北側(方広寺南側)

MAP No.9 A-1

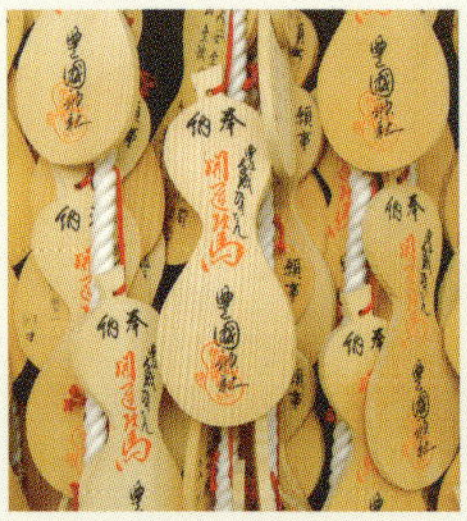

▲秀吉の馬印「瓢箪」の絵馬

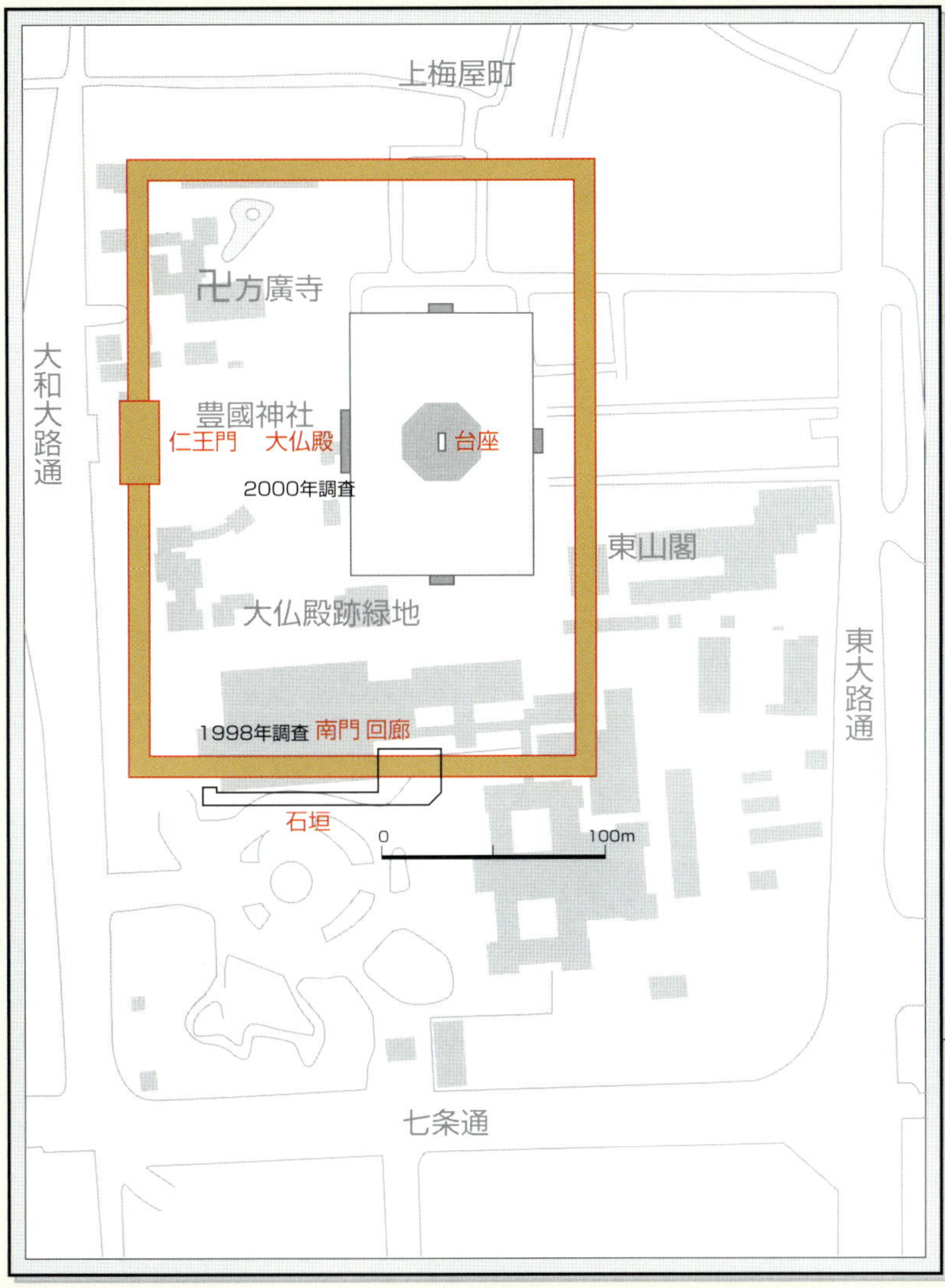

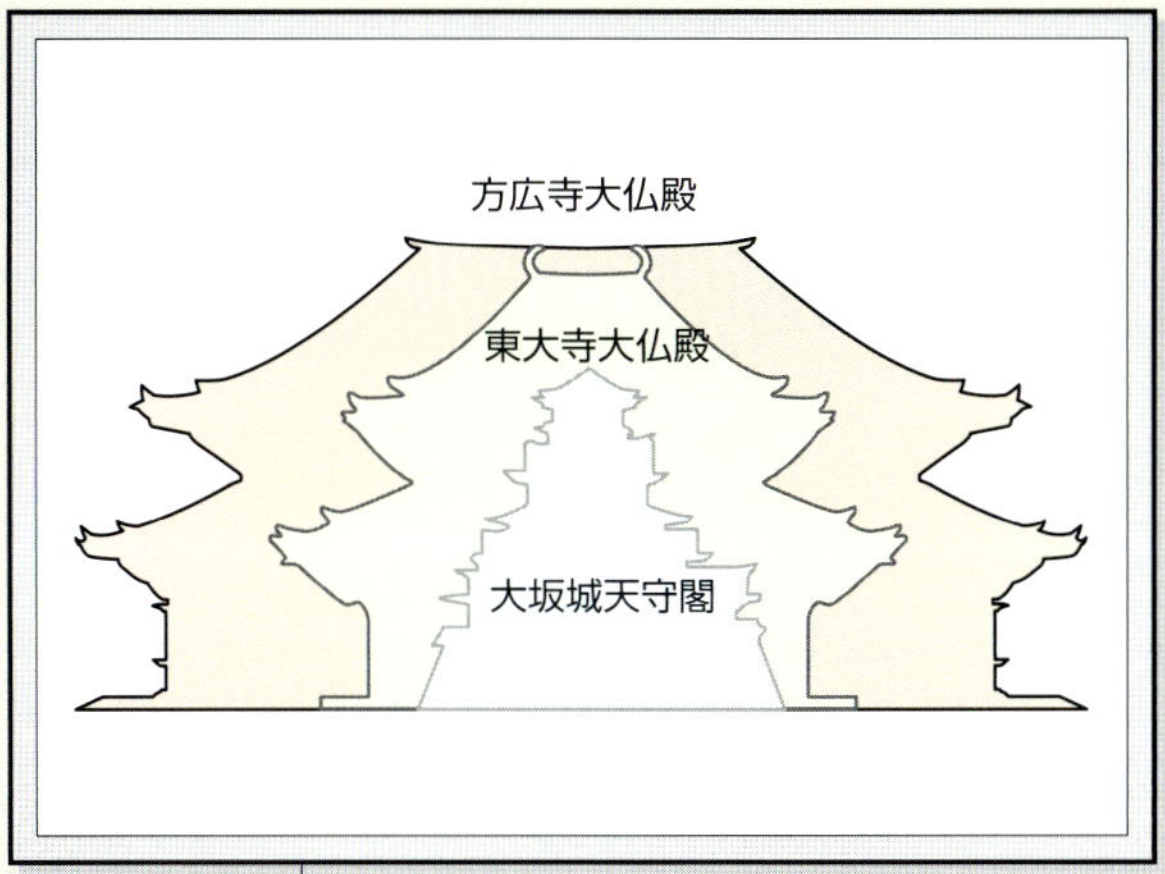

方広寺大仏殿比較図

大坂城よりも大きかった大仏殿！　座高19mの大仏を納めた大仏殿は、南北88m、東西54m、高さ49mの壮大さ。日本一の大仏殿といえば奈良東大寺だが、方広寺大仏殿はそれをしのぐスケールだった。

（財）京都市埋蔵文化財研究所・京都市考古資料館発行
リーフレット京都　No.151（2001年8月）掲載の図をもとに作図

方広寺伽藍復元図

東西約184m、南北約245m、この方広寺に向かう東西の通りが「正面通」。この正面とは、方広寺にあった大仏の正面という意味。

（財）京都市埋蔵文化財研究所・京都市考古資料館発行
リーフレット京都　No.151（2001年8月）掲載の図を元に作図

［東山山麓に残る豊臣家と大仏殿の遺構］

往年の大仏殿、豊臣氏の遺構が点在する東山の麓を歩いてみよう。

豊臣家を滅亡に導いた 方広寺梵鐘

豊臣征伐の口実にされた「国家安康」「君臣豊楽」の銘文を刻んだ梵鐘。鐘の内部には「淀君の亡霊」と呼ばれる白くかすんだ部分がある。

東山区大和大路通正面茶屋町
豊国神社北側　MAP No.9 A-1

実物の十分の一のレプリカ 方広寺大仏

秀吉の没後、秀頼が再興した大仏を十分の一の大きさで複製。堂内には当時の大仏殿の瓦や欄間を飾った龍の彫刻なども展示されている。

東山区大和大路通正面茶屋町
豊国神社北側　MAP No.9 A-1

大仏の額に埋め込まれていた 方広寺 大仏眉間仏

秀頼が再興した大仏の眉間に埋め込まれていたという仏像。

東山区大和大路通正面茶屋町
豊国神社北側　MAP No.9 A-1

大仏殿の壮大さを伝える巨石 方広寺 大仏殿の石垣

大和大路通に面し、見上げるほどの巨石が並ぶ石垣。大仏殿の規模と豊臣氏の権力を物語る。

東山区大和大路通正面茶屋町
豊国神社北側　MAP No.9 A-1

秀吉を祀る社がある 新日吉《いまひえ》神宮の神猿

豊国廟参道の中腹に建つ新日吉神宮内にも秀吉を祀る社がある。この神社の神獣が秀吉の愛称と同じ「猿」であることも興味深い。

東山区今熊野北日吉町 京都女子大学坂上

京の都を見おろす秀吉の墓所 豊国廟《ほうこくびょう》

新日吉神宮よりさらに坂道を登り、五六五段の長い階段を登りつめた山頂に秀吉の眠る墓所がある。豊臣氏滅亡とともに破壊されたが、明治三十一年に再建。春は桜の名所として賑わう。

東山区今熊野北日吉町
阿弥陀ケ峰山頂

御《お》土《ど》居《い》堀《ほり》

土塁の内は「安寧楽土《あんねいらくど》」。京都四周をとり囲む巨大な城壁。

アジアや西洋の古い都に見る「都市城壁」が、かつて京都にも存在した。天正十九年（一五九一）、秀吉が築造した「御土居堀」だ。市内北西部に今も残る、その巨大な都市城壁の破片を追ってみよう。

都市改造の狙い「城下町化」は御土居堀築造で完成をみた

御土居堀とはどんなもの？

北は鷹峯《たかがみね》、東は鴨川、西は紙屋川、南は九条まで、総延長約二二・五キロにおよぶ土塁と堀。京都の四周をぐるりと取り囲む、この巨大な都市城壁が「御土居堀」である。

秀吉は京都改造の総仕上げとして、新しくできた京の町を御土居で囲み、御土居堀の内側を「洛中」、外側を「洛外」に分けた。洛中と洛外の往来は要所に設けた「口」と呼ばれる関所に限定し、外敵からの防衛、洛中の治安維持をはかった。さらに、しばしば京を襲った鴨川の氾濫から市街地を守る堤防の役割も大きかった。

秀吉の城下町化とは？

城下町とは、大名の城を中心として、周囲に家臣や商工業者、寺院を職業別に集住させ、その周囲を堀や城壁で囲んだ町のことをいう。聚楽第を京の街の中心に築き、それまで点在していた武家屋敷、公家屋敷、寺院を集め、御土居堀で囲んだ秀吉の都市改造は、まさに京都の城下町化だった。平安時代から皇族が支配した帝都は、武士が支配する城下町へと改造されたのだ。

御土居堀は、乱世を脱し平和で安定した「安寧楽土」を洛中に築くための防護壁であり、同時に都を封鎖し支配する「権力の壁」であったといえるだろう。

御土居堀の構造

土居の高さは約五メートル、基底部の幅は約二十メートル。御土居の外側には、幅約二十メートルの堀がめぐらされており、合計四十メートルもの幅の巨大な物体が京都の町を取り囲んでいた。

御土居の上には美観と実用をかねて竹が植え込まれた。縦横に張る根が地を強固にし、繁茂する枝葉は外敵の侵入を阻む。さらにこの竹は建築資材にも使われたようだ。

御土居堀のその後

都の中核だった聚楽第が秀次事件によって破壊された後、御土居も意味を失いつつあった。江戸中期になると洛中をこえて東へと市街は広がり、御土居堀は次第に無用となる。それでも堤防としての役割は大きかったが、近代の開発で南辺から西辺にかけて大きく壊された。現在では、北辺や西辺の一部にわずかな史跡を残すのみである。

御土居の断面図

中村武生氏の『御土居堀ものがたり』の記述をもとに作成した略図。

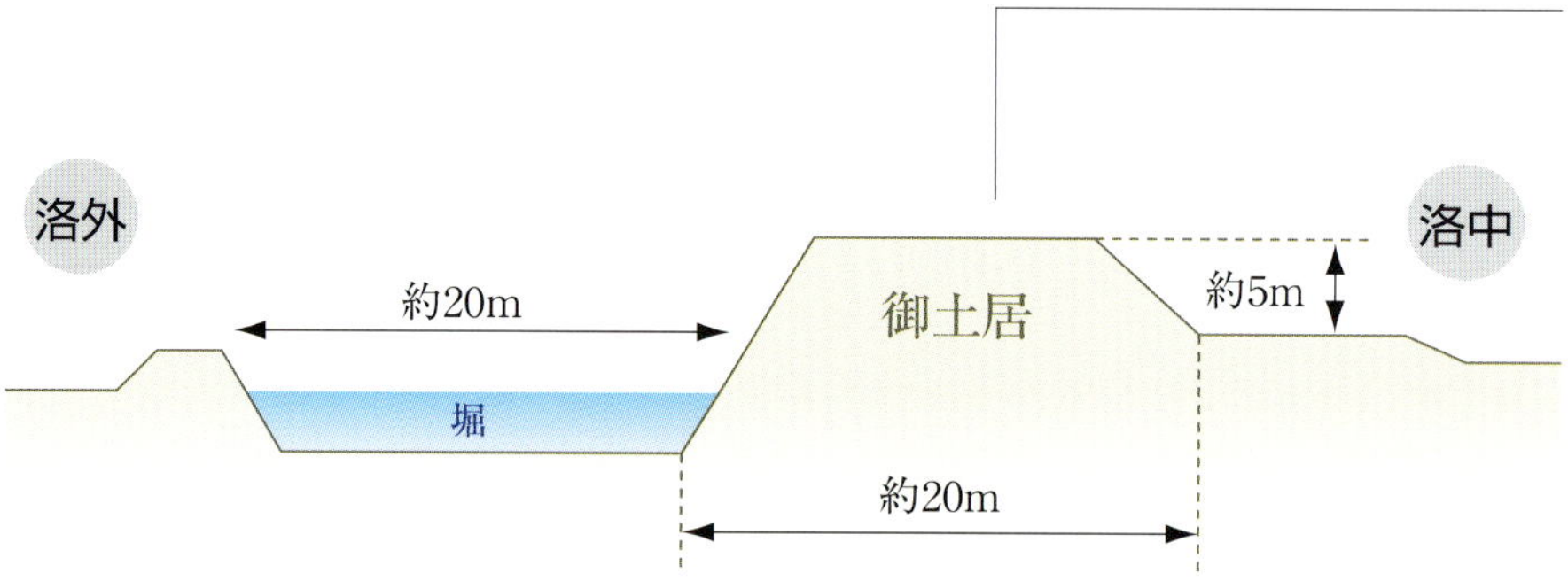

Topics 京の七口「口」の数はいくつある？

洛中と洛外の出入り口として、秀吉が御土居につくった「京の七口」。しかし室町以前から、すでに京都と諸国を結ぶ街道の出入口には「口」があった。その数は七に限らず「六口」とも「十口」ともいわれ、一定していない。実際には十数か所あり、どの口を取り上げるかは時代や解釈で変化するようだ。

ではなぜ「七口」が広く伝わったのか。理由は明らかではないが、かつての平安京には「東海道・東山道・北陸道・山陰道・山陽道・南海道・西海道」という「七道」の行政区分があり諸国から税などが運ばれていたことに由来するともいわれている。

旧街道の入口に鎮座する 北白川石仏

左京区北白川西町

かつて吉田神社の北側には、洛中の荒神口から滋賀へ至る街道があった。秀吉がこの地を通った時、この石仏を気に入り聚楽第に運ばせたが、夜になると石仏が泣くのでもとの地に返されたという伝説もある。

近隣の憩いの場となった 御土居史跡公園

北区鷹峯旧土居町3

御土居の傾斜地を生かしつつ、石段やベンチ、東屋などを設置し、公園として整備。近隣住民の憩いの場として開放されている。

「御土居の梅」で知られる 北野天満宮内

上京区馬喰町

春には梅花祭が開催され「御土居の梅」で親しまれる。御土居の下を流れる紙屋川が堀の役割をしていた。

MAP No.3 B-3

出土した多数の石仏が並ぶ 平野御土居

北区平野鳥居前町

台形に盛られた土塁の形状がよく残っている。多数の石仏が出土し、庶民信仰を知るうえでも貴重な国史跡。

MAP No.3 B-3

～史跡探訪　御土居堀と京の七口～

国史跡の御土居

1 紫竹
北区紫竹上長目町・上堀川町

2 盧山寺
上京区寺町広小路上ル北之辺町

3 西ノ京
中京区西ノ京原町

4 北野
上京区馬喰町

5 平野
北区平野鳥居前町

6 紫野
北区紫野西土居町

7 鷹峯
北区鷹峯旧土居町3

8 鷹峯
北区鷹峯旧土居町2

9 大宮
北区大宮土居町

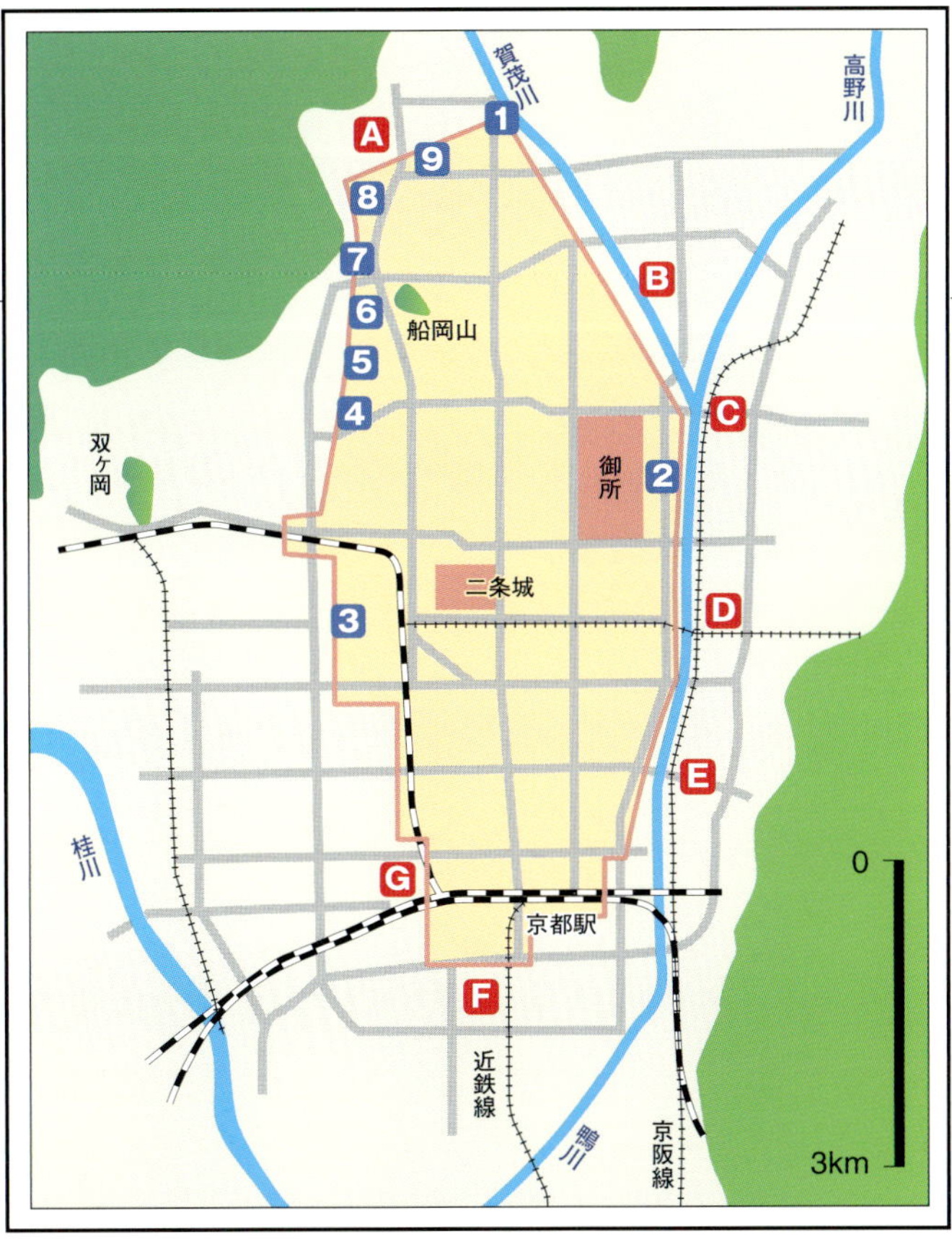

京の七口

A 長坂口
B 鞍馬口
C 大原口
D 粟田口
E 伏見口
F 鳥羽口
G 丹波口

この他にも「寺之内口」「荒神口」「西七条口」「七条口」「八条口」「東寺口」「竹田口」など諸説ある。

史跡御土居、京の七口の位置図

現在九か所の御土居跡が国史跡に指定されている。これらの指定地以外にも数か所あり、たとえば京都駅の旧1番線ホームは御土居の付近に建設されたといわれる。

墓所の中に残る国史跡 盧山寺内

上京区寺町通広小路上ル北之辺町

境内裏の墓所の奥に、石碑と小さな土塁跡だけがひっそり佇んでいる。

MAP No.4 C-1

鴨川の防波堤の面影を残す 加茂川中学校周辺

北区紫竹上長目町・上堀川町

中学校を取り囲むように残る土塁跡。東に鴨川がせまるこの場所で、幾度も氾濫を防いだにちがいない。

史跡未指定の土塁跡 大宮交通公園内

北区大宮西脇台町

ゴーカートのサーキットとして家族連れで賑わう公園。その南側一角に残る。堀跡は地下に埋没している。

京都改造

荒廃した都を新しい高密度都市へ。現代京都の基礎を築く都市改造計画

今は繁華街としてにぎわう寺町。町家が軒を列ねる街路。現在の京都の町並は秀吉がつくったといっても過言ではない。平安京を基礎とし、さらに近代的な高密度都市へ変貌をとげた、天正年間の都市改造の跡をたどってみよう。

短冊形地割り

碁盤の目を長方形に

もともと京都は平安京時代からの「碁盤の目」の町割りを持っていた。だが、正方形の格子状の町割りでは、宅地の中心部にムダな空き地ができる。そこで、格子の中央に小路を通すことで空き地をなくし、より多くの家や商店を道路に面して建てられるようにしたのである。現在でも馴染みの深い御幸町《ごこうまち》通、堺町通、間之町《あいのまち》通、車屋町通などは、この時できたものだ。

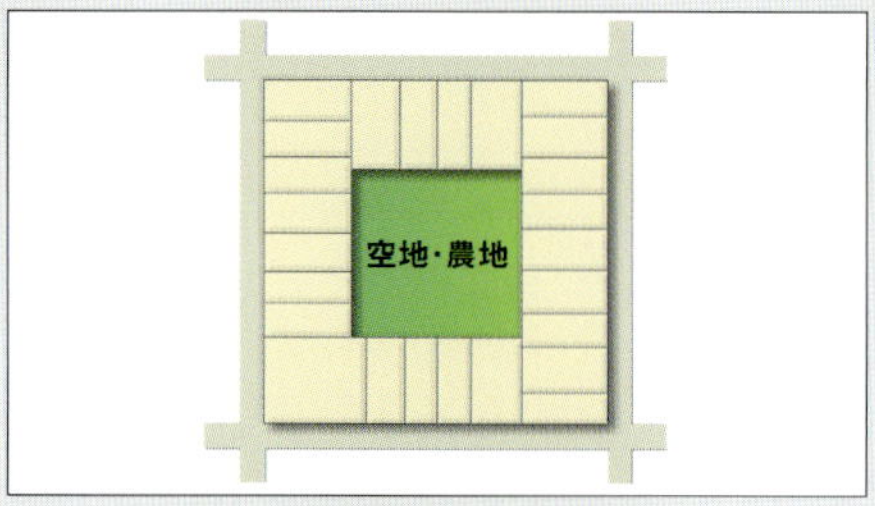

平安京以来の「碁盤の目」町割り
正方形の格子状の町割りでは、中心部にムダな空き地ができた。

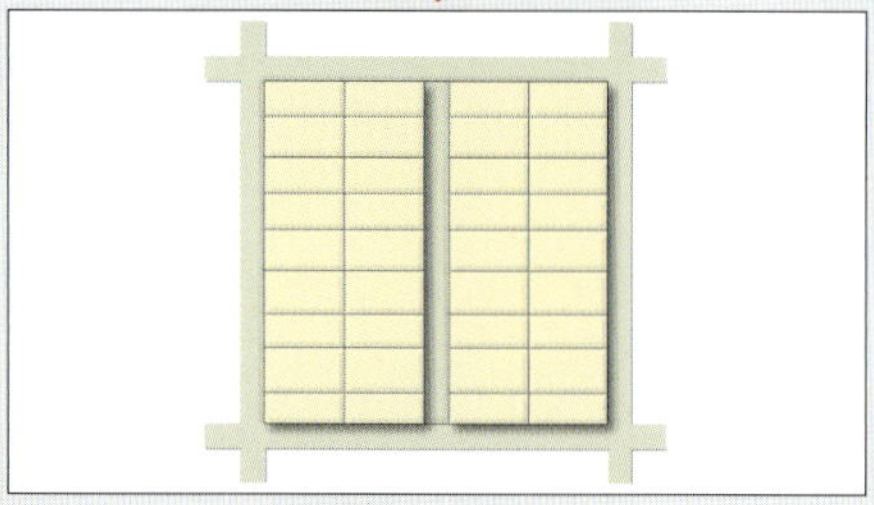

秀吉の新しい「短冊形」町割り
中央に小路を通し、空き地を宅地に変える合理的な短冊形の町割り。寺町から高倉、堀川以西、押小路以南の地域に半町ごとに南北の小路を通した。

鉾町は例外だった?

「京中屋敷替え」と呼ばれるほどの大騒ぎになった、新しい街区づくり。京の人々にとっては迷惑な普請だったようだが、この町割りをまぬがれた地域もあった。祇園祭りの山鉾で知られる「鉾町」などの旧市街地である。

伝統の祭り事を取り仕切ってきたこの地域では、住民の自治が発展し、経済の中心としても力を持っていた。さしもの秀吉も、町衆の力が強かった旧市街地には手が出せなかったらしい。

商農分離で税徴集も簡単

新しい町割りによって多くの新興住民を受け入れた京の町は、楽市楽座も奨励され、大いに活性化した。だが、秀吉の町割りには別の意図もある。

従来、正方形の町割りの空き地は、主に田畑として使用されていた。これでは、秀吉の重要な政策のひとつである「太閤検地」もやりにくい。税徴集を明確にするためにも、商業地と農地を分離したかったのだ。

三条大橋架設

秀吉が架けた日本初の石柱橋

天正十八年（一五九〇）、秀吉は小田原出陣に際し、五奉行のひとり増田長盛に三条大橋の架橋を命じる。三条河原は東海道の終点。京から関東へ通じる交通の要所である。しかし、当時は祇園社や清水寺への参詣路である四条や五条のほうが大橋建設が先行しており、三条には簡素な橋が架けられているのみだった。また鴨川の氾濫も橋の架設を困難にしていた。

ここに本格的な石柱橋を架けたのは秀吉が最初だった。三条大橋は小田原からの凱旋のシンボルとなり、江戸時代に入ると、幕府のある江戸から京都への正式な玄関口としてにぎわっていった。その後、橋はたびたび流失したが、幕府が管理する公儀橋としてすぐに修復された。昭和十年（一九三五）にも豪雨で流失し、昭和二十五年（一九五〇）の改造によって現在の姿に改められた。

歴史を物語る銘文

現在の三条大橋は、下部の構造は新しいが、欄干は木製で、銅の擬宝珠《ぎぼうし》は天正と昭和のものが混用されている。擬宝珠に刻まれた銘文によると、この三条大橋は日本で最初の石柱橋で、六十三本の石柱が使われているという。

橋の西詰め北側には、天正年間の大改造の際に使用された石の柱が今も残されている。また平安神宮の神苑にも、三条大橋の石柱が転用されている。

現在の三条大橋

現在の三条大橋 擬宝珠

旧三条大橋 石柱

寺町・寺之内

点在する寺を集めた寺院街

新しい町割りとともに、もうひとつ京の都市景観を大きく変えたものが、寺院街の形成である。それまで洛中に散在していた寺院を、秀吉は特定の区域へ強制的に移転させた。わずか数日のうちに「迅速に」との命令を出され、強制移転させられた寺院の僧侶たちは、経済的にも精神的にも大きな打撃を受けたという。

秀吉の狙いは？

寺院の反感をかうような移転を、なぜ秀吉は強行したのか。まず第一に、新しい町割りと同様、税徴集をしやすくするためだろう。

さらに、中世以来の寺院と町衆の緊密な結束を分断し、政治的な支配をしやすくする意図もあったといわれる。

武家・公家・町人・寺院と、身分によって居住地を分ける近世的な都市計画は秀吉によってこの時期にはじまり、後に金沢、松江など全国に広まっている。

寺院街が第二の防衛壁に

秀吉が寺院街を形成したもうひとつの理由は、洛中の防衛力を強化するためである。

洛中を守る第一の防衛壁は、京都四周を取り囲む御土居だ。寺院街は、その御土居に沿うようにつくられている。もし御土居を越えて攻め入る者がいても、その内側に建ち並ぶ寺院を見れば士気を弱めるだろう。寺院街はいわば、第二の防衛壁である。

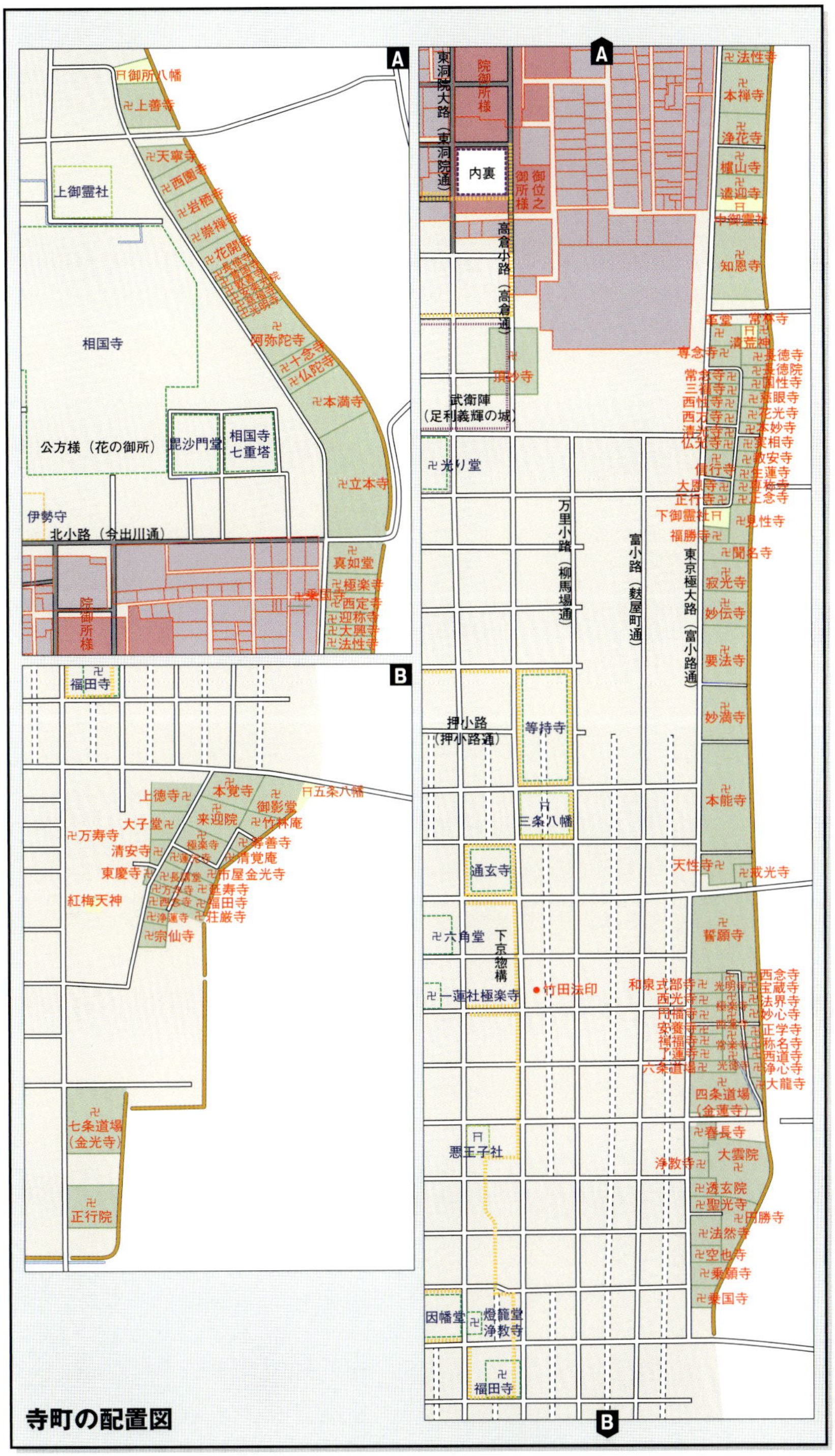

寺町の配置図

東の防衛線「寺町」

「寺町」とは、周知のとおり、京都御所の東側の通りをさす。秀吉が強制移転させた諸寺院は、この通りに長蛇の列をしき、洛中の東側の防衛線となった。なぜ東側か？といえば、秀吉と牽制状態にあった徳川家康への対策とも考えられる。また当時の状況を見れば、鴨川の氾濫から京の町を守るため、仏に頼ったのかもしれない。

現在の寺町通は、北端が鞍馬口通の北区上善寺門前町、南端は五条通の下京区西橋詰町で、一条通より北は秀吉によって新設されたものである。

北の防衛線「寺之内」

東側には寺町が置かれているが、他の方位についてはどうか。北側の防衛力強化には「寺之内」がつくられた。もともとこの地域には寺院が集中していたのだが、寺町におさまりきれなかった寺院をそこへ移転した。

さらに、南には本願寺を置き、堀や構えを備え防備に優れていた東寺を内部に含めるなど、御土居の内側の三方を寺院街区で囲んで守りを固めたのである。

伏見四城

絢爛を誇った桃山文化の最後の光芒。大陸にかけた野望も、夢のまた夢。

京都を拠点に全国を制した秀吉の次なる野望は、大陸制覇に向けられた。関白職と聚楽第を秀次に譲り、太閤秀吉は伏見に新しい城と都市を築く。秀吉の戦国時代最後の舞台・伏見城は、数奇な運命をたどった城でもある。なぜ伏見城はふたつあったのか？　異例のスピードで進んだ造営の目的は？

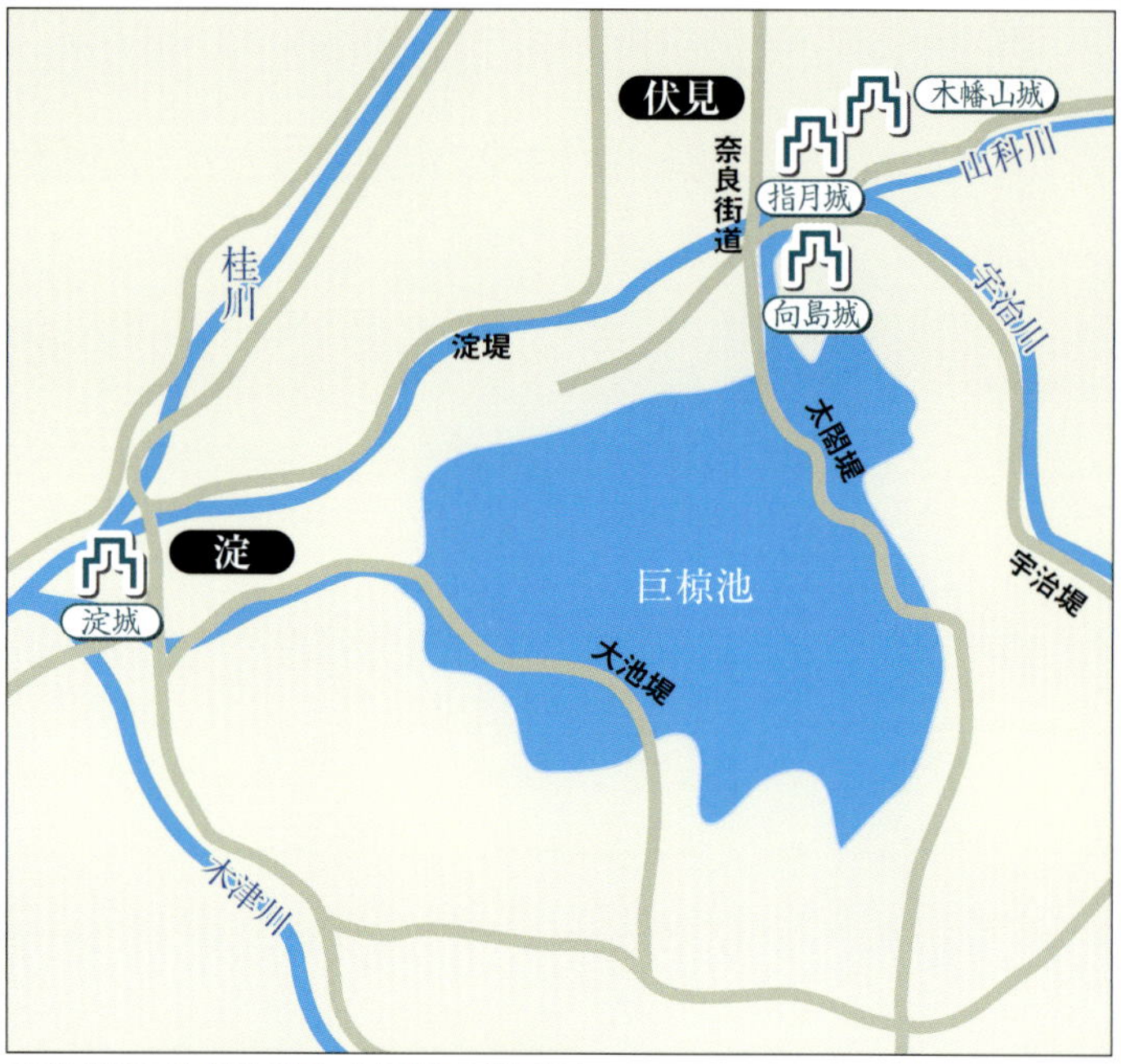

秀吉が伏見と淀に築いた四城の位置図

淀城

愛妾・茶々に与えた城

淀城は永正元年（一五〇四）、薬師寺元一によって築かれた。水陸交通の要衝にある優れた要塞として、その後、細川氏綱、岩成友通、明智光秀に次々と奪われ、天正十年（一五八二）、山崎の合戦で勝利した秀吉が手中におさめる。天正十七年（一五八九）には、秀吉の大坂・京都中継基地として、また愛妾・茶々の産所として大改築が行われた（以降、茶々は「淀殿」と呼ばれる）。

秀吉の最初の子・鶴松の誕生を最盛期とし、その後、鶴松が大坂城に移ると淀城は衰退。文禄三年（一五九四）に破却され、天守と矢倉は指月伏見城に移築された。現在の淀城跡は徳川時代のもので、秀吉の淀城はその北東にあったといわれている。

指月《しげつ》伏見城

「不死身」を願う隠居屋敷

天正十九年（一五九一）、豊臣政権の基盤を支えた秀長と千利休、さらに愛児・鶴松をわずか二歳で失った秀吉は、その失意から逃れるように関白職と聚楽第を甥・秀次に譲る。

そして翌年、月の名所・指月に、隠居所として「伏見屋敷」の普請を始める。後の指月伏見城の前身である。宇治川に近い伏見は、大坂と京都をおさえる要衝であり、その地名は「不死身」にも通じる。信頼する身内を相次いで失った秀吉は、追悼と豊臣永遠の意を込めてこの地を選んだのだろう。

秀頼誕生と大陸制覇の野望

文禄二年（一五九三）、淀殿が二人めの男児・秀頼を出産すると事態は一変する。老齢で跡取りを得た秀吉は狂喜し、大坂城を秀頼に与えるため、隠居用（私邸）として建てた伏見屋敷を太閤の居城（公邸）へと改築した。さらには朝鮮侵略戦をめぐる明の使節を迎えるためにも、より豪華な城に改築して威信を高める必要があった。

ところが慶長元年（一五九六）、あの方広寺の大仏殿を崩壊させた大地震が起こる。指月伏見城もまた、明使謁見を目前に崩壊してしまうのである。

伏見桃山城（現在非公開）

秀吉の伏見城は、なぜふたつある？

- 文禄二年 [1593] **指月伏見屋敷**（秀吉の隠居所）
- ← 改装：秀頼の誕生、明使謁見
- 文禄三年 [1594] **指月伏見城**（国内外の政治経済の拠点）
- ← 慶長元年 [1596] **大地震で崩壊**
- ← 移転：・地盤の強い新たな場所へ　・破却した聚楽第の遺構を移築
- ← 慶長二年 [1597] **木幡山伏見城**（聚楽第に替わる新しい政庁）

伏見屋敷、指月伏見城の跡地

指月の森

指月とは四つの月という意味で、「空の月・川の月・池の月・盃の月」が一度に楽しめる名所。かつてここに秀吉の伏見屋敷、指月伏見城があったといわれる。

伏見区桃山町付近

MAP No.13 C-3

郵 便 は が き

料金受取人払郵便

中京局
承　　認
2227

差出有効期限
平成30年 5月
25日まで有効

604-8790

777

（受 取 人）

京都市中京区堀川通三条下ル
橋浦町217番地2

光村推古書院

愛読者係 行

ご住所 □□□-□□□□ 都道府県

ふりがな

お名前 男・女 年齢 才

お電話（　　　）　－

◆ご職業
01:会社員　02:会社役員　03:公務員　04:自営業　05:自由業
06:教師　07:主婦　08:無職　09:その他（　　　）
10:学生（a·大学生　b·専門学校生　c·高校生　d·中学生　e·その他）

◆ご購読の新聞　◆ご購読の雑誌

推古洞のご案内
QRコードを携帯電話で読み込んで、表示されたメールアドレスに空メールを送信して下さい。会員登録いただくと当社の新刊情報などを配信します。

愛読者カード

京都時代MAP
安土桃山編

● 本書をどこでお知りになりましたか（○をつけて下さい）。

01: 新聞　02: 雑誌　03:書店店頭　04:DM　05:友人　06:その他（　　　　　）

<お買いあげ店名>（　　　　　市区町村　　　　　）

●ご購入いただいた理由

01: 歴史が好きだから　02: 散策の参考に　03:気になる記事があったから

04: 京都が好きだから　05: その他（　　　　　）

●次の項目について点数を付けて下さい。

☆テーマ　1. 悪い　2. 少し悪い　3. 普通　4. 良い　5. とても良い

☆表　紙　1. 悪い　2. 少し悪い　3. 普通　4. 良い　5. とても良い

☆価　格　1. 高い　2. 少し高い　3. 普通　4. 少し安い　5. 安い

☆内　容　1. 悪い　2. 少し悪い　3. 普通　4. 良い　5. とても良い

（内容で特に良かったものに○、悪かったものに×をつけて下さい。）

01: 企画　02: 地図　03: 特集　04: 情報　05: レイアウト

06:その他（　　　　　）

●本書についてのご感想・ご要望

■注文欄

本のご注文はこのハガキをご利用下さい。代引にて発送します。

※商品合計1,500円未満の場合、手数料・送料あわせて530円、
商品合計1,500円以上の場合、手数料・送料あわせて230円を申し受けます。

京都時代MAP　平安京編	編/新創社	本体2,000円+税	冊
京都時代MAP　幕末維新編	編/新創社	本体1,600円+税	冊
京都観光文化時代MAP	編/新創社	本体2,000円+税	冊
東京時代MAP　大江戸編	編/新創社	本体1,700円+税	冊
奈良時代MAP　平城京編	編/新創社	本体1,800円+税	冊
名古屋時代MAP　江戸尾張編	編/新創社	本体2,000円+税	冊
			冊

■当社出荷後、利用者の都合による返品および交換はできないものとします。ただし、商品が注文の内容と異なっている場合や、配送中の破損・汚損が発生した場合は、正当な商品に交換します。

アート・デザイン

柴田是真の植物図
編／横溝廣子・薩摩雅登　2000 円
163 ㎜× 121 ㎜　総 320 頁

江戸～明治に活躍した柴田是真。明治宮殿千種之間天井画下絵と、是真の下絵帖の植物を描いたものから特に秀逸なものを選んで掲載。

人間国宝 三代　田畑喜八の草花図
編／五代 田畑喜八　2000 円
163 ㎜× 121 ㎜　総 256 頁

染織家として初めて人間国宝に認定された三代田畑喜八。三代喜八が描いた写生帖を収録。デザインの参考や絵手紙のお手本にも。

有職の文様
著／池　修　2000 円
163 ㎜× 121 ㎜　総 320 頁

宮中や公家の官職や儀式、装束や調度のことを「有職（ゆうそく）」という。これらの装束や調度に用いられた特有の文様を、約 530 点の図版とともに丁寧に解説。

古型絵図　華（はな）／麗（うるわし）
編／五代 田畑喜八　各 2000 円　163 ㎜ ×121 ㎜
総 320 頁

明治から大正、昭和の初期にわたって考案された伊勢型紙の絵刷りの図案集。「華」では草花文様、「麗」では幾何学文様を中心に構成。デザインの参考にもなる美しい本。

日本服飾史　女性編／男性編
著／井筒雅風　各 2980 円
163 ㎜× 121 ㎜　総 320 頁

縄文時代から昭和初期まで、各時代の特徴的な衣装を等身大の人形に着せて解説を加えた。日本の時代風俗を研究し、風俗博物館を設立した井筒雅風が遺した名著を、男性編・女性編に分けて復刻。女性編・約 80、男性編・約 120 の衣装を収録。

『日本服飾史 女性編』より

失われた世界の記憶
― Memories of a Lost World ―
Travels through the Magic Lantern
著／シャーロット・フィール
173 ㎜× 225 ㎜
総 704 頁　5000 円

1870 年代から 1930 年代にかけて大衆娯楽として絶大な人気を誇った幻灯機ショー。本書では 800 点を超える幻灯機スライドを一冊に集約。

写真は魔術
編著／シャーロット・コットン
翻訳／深井佐和子
監修／後藤繁雄 ＋G/Pgallery
265 ㎜× 230 ㎜
総 380 頁　5500 円

イギリス人キュレーターである著者が新たに書き下ろした待望の新・写真論。世界各国からセレクトされた最先端の写真表現を豊富な図版とともに読み解く。

実用

京都に住む人、京都が好きな人のためのスケジュール帳。京都で開催予定の行事を週間カレンダーに掲載。今日京都で何があるかがひと目でわかる！旬の京都がわかる毎月のコラムページ、巻末には社寺拝観データ、文化施設データ、観光 MAP や路線図などお役立ち情報も。

京都手帖

1000 円　B6（182 ㎜× 128 ㎜）　192 頁
ビニールカバー巻（ポケット付）
京都の情報が満載のスケジュール帳。月間カレンダーや表紙には竹笹堂の木版画を使用。表紙は、木版画デザインとシンプルなデザインのリバーシブルなので、男性も使いやすい。

京都手帖＋（プラス）

2000 円
A5（210 ㎜× 148 ㎜）　224 頁
ビニールカバー巻（ポケット付）
見開き 1 週間のレフト式週間カレンダー（左ページに週間カレンダー、右ページはフリースペース）。シンプルなデザインでビジネスや日記帳にも。

（毎年 10 月頃発売予定）　編／光村推古書院編集部 ※ 画像は 2016 年度版。

京都うつわさんぽ

著／沢田眉香子
1500 円　A5　総 112 頁
作家ものから骨董まで、素敵なうつわを扱う京都のうつわ店＆ギャラリー、レストランやカフェを約 70 軒紹介！2010 年『京都うつわさんぽ』の改訂版。

京都えほん

絵／よしのぶ　もとこ
1500 円　B5　総 22 頁
子供の目線で、京都で目にする乗り物や町並、行事、暮らしなどを描いた絵本。オールカラーでお届けする京都の春夏秋冬に、大人も子供も夢中になれる一冊。

ご朱印帖　全 4 種類

編／光村推古書院編集部・koha*　各 1800 円
180 ㎜× 120 ㎜　総 48 頁（蛇腹）　裏表紙無地

上質なコットンと発色の良さが自慢！
手触りの良い koha* オリジナルファブリックを使用。
デザインから全ての工程を京都で行う京都生まれのご朱印帖。

右から
【ねこねこじゃらし　クロとノラ】（裏表紙：黒色）
【ねこねこじゃらし　シロとタマ】（裏表紙：青緑色）
【いつか来た道　夕焼け小焼け】（裏表紙：こげ茶色）
【いつか来た道　散歩しようよ】（裏表紙：薄紫色）

※表示価格は全て本体価格です。消費税別途。
※書籍のお申し込みはお近くの書店にてご注文ください。
※弊社へ直接ご注文の場合は代引きにて発送いたします。
代金の合計が 1500 円未満（税込）で送料 530 円、1500 円以上（税込）で送料 230 円頂戴します。

光村推古書院（みつむらすいこしょいん）
604-8257　京都市中京区堀川通三条下ル　phone 075-251-2888 fax 075-251-2881

美しい風景写真集

里のいろ

写真／森田敏隆　2400 円
A4 横変　総 96 頁

日本各地の美しい里をめぐる写真集。新緑の中の集落、稲田が広がる田園風景…。郷愁誘うふるさとの姿。

夜のいろ

写真／森田敏隆　2400 円
A4 横変　総 96 頁

全国の夜景写真集。きらびやかな都会の夜景、大自然の星降る夜、ライトアップされた古都の景色など。

一度は見たい　桜

写真／森田敏隆・宮本孝廣
1800 円　170 mm× 170 mm
総 168 頁

全国津々浦々の美しい桜名所を収録したコンパクトなサイズの写真集。悠然と咲く一本桜、圧巻の桜並木など。

絶景！ふるさとの　富士

写真／森田敏隆
1800 円　170 mm× 170 mm
総 168 頁

日本各地の「○○富士」と呼ばれ愛される山々を収録。雪化粧をした冬山、晴れ渡った空とのコントラストが美しい山景色など。

心も染まる　紅葉

写真／森田敏隆・宮本孝廣
1800 円　170mm× 170 mm
総168 頁

日本全国の美しい紅葉景色を集めた写真集。北国や高山・高原から次第に色づき始め、その鮮やかさに心も染まる 1 冊。

見わたすかぎりの　花

写真／森田敏隆・宮本孝廣
1800 円　170 mm× 170 mm
総 168 頁

日本全国の一面の花景色を集めた写真集。菜の花やコスモスからニッコウキスゲまで。自然界が見せてくれる花の彩りが心を震わせる。

入江泰吉の心象風景
古色大和路

写真／入江泰吉
3800 円　A5 変　総 384 頁

入江泰吉の代表作 315 点を収録。圧倒的なボリュームと、美しい印刷で送る古都奈良の風景と仏像の写真集。

回顧　入江泰吉の仕事

写真／入江泰吉
編／入江泰吉記念奈良市写真美術館
3800 円　A5 変　総 384 頁

写真家・入江泰吉の仕事の全貌が一冊の写真集に。戦前の文楽のモノクロ写真から奈良大和路の風景、伝統行事に万葉の花など、代表作を収録。

日本の原風景 町並
重要伝統的建造物群保存地区

写真／森田敏隆　2800 円
A5 変　総 304 頁

文化庁の重要伝統的建造物群保存地区に指定された町並 106 か所を収録した写真集。
旅に出たくなる美しい一冊。

NOW
PRINTING

京都の洋館

写真／神崎順一、文／石川祐一
2800 円　A5 変　総 304 頁（予定）

近代建築の宝庫と言われる京都の洋館を、外観から内部まで詳細に撮影した美しい写真集。簡潔な解説とともに魅力に迫る。

美しい写真集

ヨーロッパの看板

著・写真／上野美千代　1780 円
148 ㎜× 148 ㎜　総 192 頁

ヨーロッパのユニークで愛らしい看板を集めた写真集。ページをめくりながら旅気分も味わえる。

フルール ア キョウト
FLEURS a Kyoto

著・写真／浦沢美奈　1780 円
148 ㎜× 148 ㎜　総 192 頁

本を開けば花々に癒される。花束のように贈る本・第二弾。

ヨーロッパの窓

著・写真／上野美千代　1780 円
148 ㎜× 148 ㎜　総 192 頁

歴史と感性に彩られた町並を「魅せる窓辺」を中心にしておさめた写真集。ヨーロッパ旅行を夢見る方におすすめの一冊。

ばらの本

著・写真／浦沢美奈　2400 円
B5　総 136 頁
京都で人気のお花屋さん・プーゼがおくる写真集。美しいグラデーションがおりなすアレンジメントの数々。今回は贅沢にもばらだけを収録。

ヨーロッパの街角

著・写真／上野美千代　1780 円
148 ㎜× 148 ㎜　総 192 頁
旅することでしか知り得ない、ヨーロッパの町並や人々の素朴で美しい暮らしを収めた写真集。旅した気分を味わえる一冊。

Beach　ビーチ

編／光村推古書院編集部
1780 円
148 ㎜× 148 ㎜　総 192 頁

世界の美しいビーチを集めた写真集。見るだけでバカンスに行った気分になれる一冊。

古地図を楽しむ

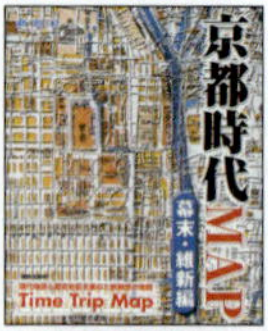

京都時代 MAP 幕末・維新編

編／新創社
1600 円　A4 変　総 84 頁

幕末の地図に半透明の紙に印刷した現代地図を重ねた地図本。幕末時代に時間旅行できる歴史ファン必携の一冊。

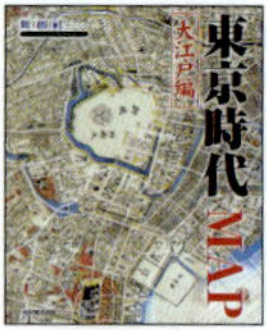

東京時代 MAP　大江戸編

編／新創社
1700 円　A4 変　総 110 頁

幕末の地図に半透明の現代地図を重ねた地図本。現代の東京の街から江戸の町並みが浮かび上がる。東京歩きの歴史ガイドとしても楽しめる。

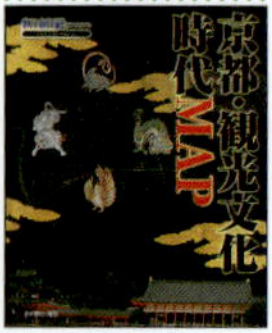

京都観光文化時代 MAP

編／新創社
2000 円　A4 変　総 114 頁

歴史地図に半透明の現代地図を重ねた地図本。京都検定公式テキスト記載の地名・史跡・社寺を網羅。平安・室町・安土桃山・幕末・近代の 5 つの時代の地図を掲載。

重ね地図シリーズ 東京 マッカーサーの時代編

企画・構成／太田稔
地図編集・製作／地理情報開発
2000 円　B5 変　総 124 頁
別冊 48 頁

戦後の東京の地図に現代の地図を重ねた地図本。マッカーサーは何を壊し、何を造ったのか。

向島城

家康とも縁深い名月の私邸

向島城は、指月伏見城とほぼ同時期に、その出城として建てられた。向島は指月から宇治川をはさんだ対岸にあり、ふたつの城は橋で結ばれる計画だった。『武功雑記』によると、この城は「太閤の御遊所」だったらしい。隠居所の伏見屋敷を城郭に改造したため、秀吉の私邸が別途必要になったのだろう。

また秀吉は以前、家康が向島の私邸で催した観月の宴に招かれたことがあり、そこから向島城を発想したともいわれる。徳川時代に入ると向島城は家康の居城となったが、三代将軍家光の一国一城法令により、木幡山伏見城とともに破却された。

木幡《こはた》山伏見城

桃山文化・秀吉政権の集大成

慶長の大地震で指月伏見城が倒壊すると、翌日にはもう、より強固な地盤を持つ木幡山(現・伏見区桃山町の明治天皇陵域内)への移転が決まった。

翌年の慶長二年(一五九七)には天守や殿社が完成し、秀吉、秀頼が入城する。なぜこれほどのスピードで造営が進んだのか。それは、破却された聚楽第から多くを移築したためといわれる。

こうして、桃山文化の粋を集めた黄金の聚楽第を彷彿とさせる豪壮華麗な伏見城が完成した。破壊された聚楽第に替わって、木幡山伏見城が事実上の政庁となったのである。

伏見を第二の城下町に

聚楽第の移築によって政庁を京都から伏見へ移転した秀吉は、伏見でも京都をしのぐ大規模な城下町造営を行っている。築城にあたって宇治川をつけ替え、港を整備して水路を確保した。陸路は京都・伏見・奈良をつなぐ街道を新設。城下町の周囲には「濠川」と呼ばれる外堀が造られ、城下に全国の大名や商工業者が集められた。

伏見にはその名残りの武家屋敷跡や町名が今も数多く残る。巨椋《おぐら》池から分離された宇治川は現在の姿となって淀川に直結され、その時造成された「太閤堤」は、今は京阪電車や近鉄の軌道となっている。

大陸進出の野望むなしく

大坂城を秀頼に譲った秀吉は、晩年の大半を伏見城で過ごしている。信長時代から数多くの城を手掛けた秀吉だが、この木幡山伏見城が最後の城となる。

伏見を中心に京都・大坂・奈良を政治的・経済的に一体化し、さらに大陸制覇という壮大な野望。だが、二度にわたる朝鮮出兵は失敗に終わり、豊臣政権の栄光は翳りを見せる。次代の有力者として徳川家康が台頭するなか、秀吉は城中で病に伏していた。そして慶長三年(一五九八)、「天下人の栄光も夢のまた夢」と辞世の句を残し、六十二歳の生涯を終えた。

伏見城の遺構

秀吉の死後、徳川家康が秀頼の大老として木幡山伏見城に入るが、慶長五年(一六〇〇)関ヶ原の戦いで落城。秀吉の伏見城は、ここまでである。翌年、家康によって伏見城は再建されるが、徳川三代までこの城で将軍職を拝命した後、廃城となった。城跡には後に桃の木が植林され、豊臣時代を懐かしむ後世の人々によって「桃山時代」と呼ばれるようになったという。

現在、木幡山伏見城の遺構と伝えられる建築は、醍醐寺三宝院書院、西本願寺唐門、豊国神社唐門、養源院天井板など、数多くある。しかし、秀吉・徳川いずれの時代のものかは不明である。

伏見城の門と石垣が残る 御香宮神社

伏見区御香宮門前町

文禄年間、秀吉が鬼門守護神社として指月伏見城内へ移したが、徳川期に家康が旧地に戻した。表門は木幡山伏見城大手門の遺構。境内には伏見城石垣の残石も置かれている。

MAP No.14 A-2

唯一の土塁跡が残る 栄春寺

伏見区桃山町丹下

総門は木幡山伏見城の遺構。後丘の墓地一帯は、秀吉時代の城下町を囲んだ土塁の遺跡。石垣は近年補強のために築かれたもの。

MAP No.12 A-3

Topics 秀吉の愛した茶室が残る 高台寺

東山区高台寺下河原町

城郭という軍事施設に庭園や茶室を設けたのは秀吉が最初といわれる。木幡山伏見城内の一画にも、茶の交わりを中心とする学問所や草堂があり、高台寺の傘亭と時雨亭はそれを移築したもの。意匠は利休によると伝えられている。

伏見に隠居屋敷(後の指月伏見城となる)を設計する際、秀吉は「利休好みにつくってほしい」と注文を出しているが、指月伏見屋敷普請の時、利休は秀吉によって自刃させられ、すでに他界している。おそらく生前に書き残した意匠をもとに秀吉がつくらせたものだろう。

高台寺傘亭

時雨亭(左)　傘亭(右)

MAP No.7- A3　写真提供:高台寺

【一期一会】

茶人・利休と戦国武将、その死の謎

千利休と秀吉をめぐるドラマ

天下のすべてを征服した秀吉だが、唯一征服しえないものがあった。

千利休、その茶の湯の世界だった。

関白の庇護下にありながら、毅然として服従しない侘びの探究者・利休。

命懸けで芸術と対峙した茶人と覇者の間に生まれた確執とは?

非業の死の背景にはなにが?

「千利休像」(写真提供:表千家 不審菴)

PROFILE *Sen-no-Rikyu*

千利休

大永2年(1522)～天正19年(1591)
堺の商家に生まれ、幼少より茶の湯に親しむ。草庵の茶の湯を確立した武野紹鴎らに師事し、大徳寺で禅を学び、極限まで無駄を省いて緊張感のある心の交わりを求める「侘び茶」を大成した。信長が堺を直轄地とした際、茶頭として雇われ、後に秀吉の茶頭となって頭角をあらわす。64歳の時、禁裏茶会※で秀吉の後見を務め、正親町天皇より「利休」の居士号※を賜り、名実ともに天下一の茶匠となる。

※禁裏…天皇の住居である宮殿。　※居士…出家せず仏道修行をする男子。号はその名前。

戦国武将と茶の湯

茶の湯は武士のステイタスシンボル

もとは貴人の嗜好品だった茶を武士のステイタスシンボルにしたのは信長である。「茶湯御政道」と称して、信長の許しがなければ家臣に茶の湯を許さず、名物茶器を与える時は領国と同じ価値があるものとした。信長に仕えた秀吉は茶の湯に憧れ、許可を得た時には拝領した茶器を抱いて喜びに泣いたという。そして信長の茶頭だった利休を後に自分の茶頭とした時、なによりも喜んだという。

秀吉は茶の湯を解禁し、広く民衆に広めた。そうすることで自らの権威と教養、芸術への理解と保護をアピールし、また茶の交わりを政治に巧みに利用した。その傍らには、いつも利休がいたのである。

一期一会は戦国武将の心得

茶道の心得の「一期一会」とは、「茶会に臨む際は、その機会を一生一度と心得て、主客ともに互いに誠意を尽くせ」との意。戦国時代、多くの武将たちが合戦に赴く前に茶を飲んだという。日々が死と隣り合わせの武士にとって、「一期一会」は、まさに人生訓であったろう。

家臣の謀反に散った信長のように、また、あれほどの蜜月関係にありながら、敵として死に別れた秀吉と利休のように、昨日の友は今日の敵となるのが戦国の世。今日は主客のふたりですら、明日の運命はわからない。炉を囲み心を通わせる一時がどれほど儚く貴重であったか。それを知る利休であればこそ、命懸けで茶と対峙したのだろう。

利休 vs 秀吉　Topics

侘びと絢爛、相反する美学

秀吉と利休は、人間的にも茶道の志向も、まったく正反対だった。秀吉が名物茶器を自慢すれば、利休は一切飾りのない黒楽茶碗を賛美する。「天下人も茶室の中ではただの人」と、腰をかがめて入る「にじり口」を利休が造れば、秀吉はこれを拒否する。

ふたりにとっての茶の湯は、相反する個性を競い衝突する戦いの場でもあった。

茶の湯のうえでは、利休は秀吉を弟子として扱ったというが、俗世的な権力は秀吉をしばしば反抗へと駆り立てた。たとえば、あの「黄金の茶室」である。利休はこれを造れと命じられた時、不本意だったにちがいない。だが、その広さを三畳におさえ、さらに組み立て式にすることで、秀吉の突飛なアイデアを実用的かつ画期的に進化させている。

持ち運べる黄金の茶室は、禁裏、陣中、北野の大茶会のようなイベント会場など、さまざまなハレの場でお披露目され、秀吉のシンボルのひとつとなった。妥協すると見せつつ、自分の好みや主張もきちんと貫く利休に、秀吉は一本とられっぱなしだったのかもしれない。

利休と秀吉…蜜月記①
最後の共催大イベント 北野大茶会

聚楽第が完成した天正十五年（一五八七）十月一日、北野天満宮の松原で空前絶後の大規模な茶会が開催された。町のいたるところに掲げられた宣伝看板によると、この茶会は身分・国籍を問わず誰でも自由に参加でき、茶器のない者は釜ひとつ持ってくるだけでもよいとのこと。

当時、茶の湯は限られた武士たちの特権で、庶民に開かれた茶会など前代未聞だった。しかも、参加者には関白が自ら茶をたててふるまうという。当日は全国から集まった大名、町人、百姓など、さまざまな身分の人々が一堂に会し、千五百もの茶席が出る盛況ぶり。秀吉が利休に造らせた組み立て式の「黄金の茶室」や秘蔵の名物茶器も展覧された。

秀吉が企画し、利休が演出した世紀のイベントは大成功。京の公家大名のみならず、全国民に「関白秀吉」の存在を印象づけた。しかし、この時からわずか三年余り後、利休は秀吉に疎まれて切腹し、この世を去る。北野大茶会は、秀吉と利休が共催した最後の大イベントとなったのだ。

利休と豊臣政権

「内々のことは利休が知る」

秀吉の信任を得て常に側近にいた利休は、茶の師匠を超えて、政治にも関与するようになる。利休は名物茶器の鑑定や売買を手広く行っていたため、諸国の大名や商人との交流が盛んだった。その人脈を秀吉が政治に活用したともいわれる。さらに、豊臣政権の要人たちを茶室に招き、利休を通して秀吉の内意が伝えられることもあったようだ。

また利休は、秀吉の右腕として知られる弟・秀長からも厚い保護を受けていた。温厚な人格者の秀長は、利休の侘び茶を兄よりもよく理解したらしい。この秀長と利休が、豊臣政権を支える両輪だったのである。「公事のことは私が、内々のことは利休が万事心得ている」と秀長自ら大友宗麟に語っている。

大きくなりすぎた利休

九州の大名・大友宗麟は、秀吉に救済を求めて大坂へ行った際、「利休のほかには関白に直言できる者はいないようだ」と国元へ手紙を書いている。

今や、秀吉に意見し影響力を持つのは利休のみ。一介の茶匠がこれほどの権威を持つことは、豊臣に仕える多くの大名たちにとって面白くないことだった。また逆に、秀吉に反感を持つ大名のなかには、利休を支持し、利休を通じて秀吉を動かそうとする向きもあった。

こうした複雑な環境が、次第に利休と秀吉の確執を生んだのだろう。また茶の湯においても、利休の侘びと秀吉の黄金趣味は水と油。最初は利休に師事した秀吉だが、いつしか利休をも征服したいという「覇者」の性質が頭をもたげたのではないか。

北野天満宮 上京区馬喰町
北野天満宮境内に建つ「北野大茶湯之址」の石碑。
MAP No.3 B-3

「北野大茶湯之址」石碑の側に、秀吉が使ったという「太閤井戸」も残されている。

表千家「残月亭」 上京区寺之内通堀川東入
利休の聚楽屋敷にあった色付九間書院を再現した表千家「残月亭」。
MAP No.2 B-3

「残月亭」内部。太閤柱にもたれて残月を眺める秀吉の姿が想像される。

「残月亭外観」「残月亭内観」（写真提供：表千家 不審菴）

利休と秀吉…蜜月記②
秀吉が訪れ月を眺めた 利休の聚楽屋敷

利休の屋敷は堺の今市町にあったが、京都では大徳寺門前や聚楽第の側にも屋敷が造られた。聚楽第付近の屋敷（通称「聚楽屋敷」）は、現在の晴明神社の付近にあったと伝えられ、晩年の利休の拠点となった。

聚楽屋敷には、桧づくりの書院、色付九間書院、四畳半、二畳の茶室が設けられ、秀吉もしばしばここを訪れている。茶道の交わりのみならず、政治、外交においても利休を腹心としていた秀吉は、ここでなにを語ったのだろうか。語らいが深夜におよぶこともあったのだろう、秀吉がここで名残の月を眺めたというエピソードも残されている。

表千家には、この聚楽屋敷の色付九間書院を再現した茶室がある。在りし日の利休と秀吉の息づかいを感じさせるこの茶室は、先のエピソードにちなんで「残月亭」と名付けられた。また、その時秀吉がもたれて月を眺めたという上段の床の柱は「太閤柱」と呼ばれている。

死の謎 諸説

木像事件？ 茶器不正鑑定疑惑？ スパイ説？ 利休の死をめぐる数々の謎を追う

天正十九年（一五九一）、利休は秀吉の命により切腹し、七十歳の生涯を閉じた。なぜ利休は死ななければならなかったのか。さまざまな説が説かれてきたが、その真相は今も謎のままである。

大徳寺山門事件

「門の上に木像を上げて、関白の頭を踏みつけるのか！」

秀吉が利休に切腹を命じた直接の理由は、大徳寺の山門事件である。大徳寺で禅を学び、住職とも親しかった利休は、私財を投じて山門を改築した。その功として自身の木像を楼上に置いたことが問題とされたのだ。

門の上に像を置くのは、その下を通る関白や勅使の頭を踏む行為と同じ。しかも、その像は雪駄を履いている。土足で関白の頭を踏みつけるとは、謀反にも近い犯罪だというのである。

木像はすぐに山門から降ろされ、一条戻り橋に磔《はりつけ》にされた。利休はこの罪で一時的に堺へ謹慎させられ、再び京へ呼び戻された後、自邸で切腹を命じられる。利休門下の大名たちが万が一救出に動いた時に備え、屋敷の周りは三千もの軍勢が取り囲むという物々しさだった。利休が死ぬと、その首は木像の足の下に踏ませるように置かれ、一条戻り橋に曝《さら》された。

「不遜な茶頭」の死とともに堺商人の時代も終わった？

豪快で知られる秀吉らしからぬ、陰湿で徹底した処罰は、後に起こる秀次事件とも通じるところがある。秀吉の晩年の迷走は、この利休事件をきっかけに加速したと見てよいだろう。

ただ、利休の木像が上げられた時期は明らかではないが、山門落成の時だとすれば、二年も経ってから問題にされているのである。おそらく利休を排撃するための詭弁だろう。その背後には、利休の庇護者だった秀長の病没に乗じて事を起こした、石田三成の姿が見え隠れする。

三成は、ポスト利休として博多の豪商・神谷宗湛《そうたん》、島井宗室《そうしつ》らを意図的に取り立てた。九州を制覇した秀吉もまた、利休のバックボーンである堺の時代を切り捨て、博多の再建、そしてさらに朝鮮、明へと目を向けていたのだろう。

利休が木像を上げた
大徳寺金毛閣

北区紫野大徳寺町
MAP No.2 C-1

利休の木像と首が曝された
一条戻り橋

上京区堀川一条
MAP No.2 B-4

茶器不正鑑定？

「茶道具に法外な値をつけ私腹を肥やしている」

木像事件とともに利休処断の表向きの理由にあげられるのが、この不正鑑定疑惑だ。利休は信長の茶頭時代からすでに、茶器の目利きに活躍していた。また、茶器売買の周旋をしていたことを証明する署名入りの書状も残っている。

おそらく利休は、秀吉の茶頭としての立場を自覚しつつも、目利きの謝礼や周旋のリベートを正当な報酬として受け取っていたのだろう。堺の商家出身の利休には、営利を卑賤とする意識はなかったようである。一般に「侘び人」としてイメージする「隠者のような聖人」とはちがい、利休は清濁あわせ飲む、複雑で幅広い人間だったようだ。

Topics

利休が愛した名水めぐり

洛中三名水の流れをくむ「醒ケ井」の水

オフィスビルや商店でにぎわう四条堀川交差点の一筋東、京菓子店「亀屋良長」の店先に「醒ケ井」の井戸はある。通りの名前にもなっている「醒ケ井」の由来は、かつてこの近辺に「佐女牛井」と呼ばれる名水の井戸があったから。平安時代には源氏の六条堀川館内にあり、室町時代には茶道の祖・村田珠光がこの水で足利義政に茶を献じたと伝えられる。利休も愛用し、洛中三名水のひとつと謳われる。この由緒ある井戸の水脈をくむのが「醒ケ井」。

このなめらかな舌触りの軟水を使うと、和菓子もやわらかく、はんなりとした味に仕上がるという。

亀屋良長の店先に湧く「醒ケ井」
下京区四条通堀川東入
MAP No.8 C-2

醒ケ井の源泉とみられる「佐女牛井」は、太平洋戦争中に取り壊された。

石碑だけが今も残る「佐女牛井跡」
下京区堀川通五条下ル西側
MAP No.8 C-4

利休がもっぱら茶に使ったという名水「柳の水」

「柳の水」は、老舗黒染め工房が一般に開放する名水だ。鉄分を微量に含むため、黒染めに使うと発色がよく色落ちしない。石碑によると「この水がいたって清冷なので、千利休はこの水を沸かし、もっぱら

さらに、竹の花筒を高値で売ったことも罪に数えられているが、青磁や胡銅《こどう》の花入しかなかった当時、竹花筒は斬新な利休の創作品だった。天下一のカリスマ茶人・利休のオリジナル竹花筒を高いと見るかどうかは買う人の価値観によるだろう。その他の茶器も同様に、コストとの比較で単純に不正とは言い切れないのである。

朝鮮侵略に反対

秀吉「高麗攻め」を目論み、利休「高麗もの」を愛する

信長に習って西欧文化を積極的に取り入れた秀吉は、その植民地支配の思想にも影響を受けた。アジア植民地化は、この思想に後押しされた一面もあった。一方、「すべてを人の力で征する」というこの思想は、自然のままのありようを大切にする利休の「侘び」とは相容れない。他国を力で征服することに、利休は賛同できなかったようだ。

秀吉が「高麗攻め」を発表した時期に、利休は侘びを具現化した草庵の茶室「待庵」を大山崎の妙喜庵に造る。大書院の一角に茶室を設けることを「高麗囲い」と呼ぶが、この待庵もまた、利休の朝鮮への想いを暗示するものだった。小さな戸口から身をかがめて入る「にじり口」はソウル郊外の民家に見られる形式だし、利休の好んだ黒楽茶碗は朝鮮出身の楽長次郎の作だ。

待庵の中はわずか二畳。利休と秀吉が一対一で対決するための茶室だった。一説には、慢心する秀吉を茶道指南として戒めるために造ったともいわれる。この待庵で、利休は朝鮮出身の職人が焼いた茶碗を秀吉につきつけたのである。

その他諸説

利休はキリシタンだった？

その他諸説のなかで、よく言われるのが「利休キリシタン説」だ。利休が当時最大の国際貿易港で宣教師の拠点だった堺の出身であること、利休の妻や娘が信者だったこと、「利休七哲」と呼ばれる弟子たちにキリシタン大名が多いことなどがその理由とされる。

茶道は意外にもキリスト教とつながりが深く、利休もその意匠や礼拝の形式を巧みに茶の湯に取り入れている。茶の湯の袱紗《ふくさ》さばきや飲みまわしは、教会の聖餐式《せいさんしき》を模したものともいわれる。しかし、利休はキリスト教が禁じる自殺を行っているという点で、この説は信憑性が問われている。

秀吉が利休の娘に失恋？

また、利休は秀吉毒殺を託された徳川のスパイであったという説、秀吉が利休の娘お吟を側室に望んだが拒否したため処罰された説など、ゴシップ的憶測も生み、謎はいっそう深まる。

ただ、秀吉の目がこの時期、日本から大陸へ向けられていたように、時代の流れもまた、利休の「侘び」から秀吉の「絢爛豪奢《けんらんごうしゃ》」へと傾いていったのではないか。観念的で中世的なものに通じる利休の茶は、いつしか時代に逆行するものとなり、平和の再来を謳歌する享楽的な新時代の潮流によって「死」という形で断ち切られたのかもしれない。

秀吉は後悔していた？

執行猶予を与えたのに利休は自ら死を選んだ

そもそも、秀吉は本当に利休を死なせたかったのだろうか？「関白の好意に奢り、今や関白を見下している」「茶頭の権威を悪用し、関白の名誉に傷をつけている」こうまで進言されれば、なんらかの処罰をしなければ天下に示しがつかない。

だが、一条戻り橋に磔にされたのは、利休の身代わりともとれる木像。利休自身は一旦堺へ帰され、いわば執行猶予を与えられたわけである。秀吉は利休が謝罪し、命乞いをするのを待っていたのではないか。事実、木像の安置を許可した大徳寺住職らは謝罪し、すぐに許されているのだ。

利休を懐かしむ手紙。隠居屋敷は「利休好み」

しかし利休は和解よりも死を選んだ。自刃後、利休の首は聚楽第に持ち込まれたが、秀吉は検死を拒んだともいわれる。

翌年、母の大政所や側近の前田玄以あてに、秀吉は利休を懐かしむ手紙を送っている。また、伏見の隠居屋敷（指月屋敷）を造る際にも「りきう（利休）に好ませ候て、ねんころに申し付けたく候」という手紙を前田玄以に送った。秀吉は利休を死なせたことを後悔していたのだろう。伏見（不死身）の地で利休を偲んで、静かな余生を過ごしたいと願った時期もあったのかもしれない。

茶の水とする」とある。また、この一帯を「柳水町」、地下水を「柳の水」と呼ぶのは、利休がそばに柳の木を植えて、水に直接陽が差すのを避けたとの伝説に由来する。

黒染め工房の店先にある「柳の水」
中京区西洞院通三条下ル柳水町／馬場染め工業
MAP No.8 B-1

聚楽第の跡地に湧く「銀明水」で仕込んだ酒

関白秀吉の黄金の邸宅「聚楽第」のあった地域一帯は、出水という地名が残されているように、良質の地下水に恵まれている。秀吉や利休が茶の湯に使ったという井戸の水脈も数多くあり、「銀明水」もそのひとつ。

聚楽第ゆかりの地に明治二十六年に創業した佐々木酒造は、今や洛中唯一となった蔵元。工場や銀明水の一般公開はしていないが、「聚楽第」と名づけられた日本酒があるので、この地を訪れた記念に買って帰るのもいいだろう。

聚楽第跡に数ある名水のひとつ
「銀明水」
※工場・井戸は一般公開していない。

利休ゆかりの名水を使った日本酒
「聚楽第」 佐々木酒造（株）／
上京区日暮通椹木町下ル
MAP No.5 C-3

参考資料・文献

『NHK大河ドラマ・ストーリー　功名が辻　前編』日本放送出版協会
『明智光秀　つくられた「謀反人」』　小和田哲男　PHP研究所
『織田信長のすべて』　岡本良一編　新人物往来社
『考証　織田信長事典』　西ヶ谷恭弘　東京堂出版
『机上版　日本史年表　第四版』　歴史学研究会　岩波書店
『京都学への招待』　京都造形大学編　角川書店
『京都なるほど事典』　清水さとし　実業之日本社
『京都の謎　戦国編』　高野澄　祥伝社
『京都の歴史4　桃山の開花』　京都市　學藝書林
『京都の歴史5　近世の展開』　京都市　學藝書林
『京の歴史と文化4　戦国・安土桃山時代　絢　天下人の登場』　講談社
『激震　織田信長　破壊と創造の戦国覇王』　学習研究社
『建築家秀吉　遺構から推理する戦術と建築・都市プラン』　宮元健次　人文書院
『御土居堀ものがたり』　中村武生　京都新聞出版センター
『時代別・京都を歩く　歴史を彩った24人の群像』　蔵田敏明　山と渓谷社
『週刊ビジュアル日本の歴史』　ディアゴスティーニ・ジャパン
『新撰京の魅力　秀吉の京をゆく』　文・津田三郎　淡交社
『スーパー日本史』　古河清行　講談社
『図解雑学　織田信長』　西ヶ谷恭弘　ナツメ社
『図集　日本都市史』　高橋康夫　吉田伸之　宮本雅明　伊藤毅　東京大学出版会
『千　利休』　芳賀幸四郎　吉川弘文館
『戦国武将・あの人の「その後」』　日本博学倶楽部　PHP研究所
『豊臣秀吉　天下平定への智と謀』　学習研究社
『豊臣秀吉と京都　聚楽第・御土居と伏見城』　日本史研究会　文理閣
『日本の歴史15　織豊政権と江戸幕府』　池上裕子　講談社
『信長公記』　奥野高広　岩沢愿彦　角川書店
『秀吉軍団　戦国を駆け抜けた夢の軍兵たち』　世界文化社
『秀吉の京をゆく』　津田三郎　淡交社
『山内一豊　土佐二十万石への道』　新人物往来社

ウェブサイト

平安京探偵団　http://homepage1.nifty.com/heiankyo/
資料 本能寺の変　http://www.sky.sannet.ne.jp/kyoshio/HJ/index.html

協力／資料提供

表千家　不審菴
学校法人　茶屋四郎次郎記念学園
高台寺（京都市）
神戸市立博物館
堺市博物館
佐々木酒造（京都市）
大徳寺（京都市）
総見院（京都市）
等持院（京都市）
方広寺（京都市）
本徳寺（岸和田市）
米沢市上杉博物館
財団法人高知県観光コンベンション協会

本書に掲載した安土桃山時代地図の作成に当たっては、京都市街については基本図として花園大学文学部教授山田邦和氏制作の「戦国期京都市街地復元図」を使用し、御土居堀と寺町、長方形街区については佛教大学非常勤講師中村武生氏の研究成果を使用し、聚楽第については京都府埋蔵文化財調査研究センター調査員森島康雄氏の研究成果を使用し、武衛陣および義昭御所については京都大学大学院工学研究科教授高橋康夫氏の研究成果を使用し、その他の項目については、参考文献・資料を参照して構成したものです。また、豊臣期の伏見の地図は、山田邦和氏の研究成果「第3期伏見城（豊臣期木幡山城）城下町推定復元図」を使用して作成したものです。

南蛮図屏風（神戸市立博物館蔵）

あとがき

時代MAPシリーズの第一弾『京都時代MAP―幕末・維新編』がまだ陽の目を見る前、すでにこの『京都時代MAP―安土桃山編』の制作はスタートしていました。しかし『東京時代MAP―大江戸編』を先に制作することとなり、このたびようやく第三弾として『京都時代MAP―安土桃山編』を発刊することとなりました。

この発刊により当初のもくろみ通り、京都に堆積する歴史を時代ごとに輪切りにすることが前進しました。

とはいえ、今回の舞台となった安土桃山時代は「応仁の乱」以来の荒廃した京の町が復興を遂げ、劇的に変貌する時代であり、現代京都の都市景観が形成された時代でもあります。ほんの三十年ほどの間に創造と破壊が繰り返された痕跡を地図の上に表現するためには思い切りが必要でした。この時代を正確に表現しきるのは困難ですが、安土桃山という時代の京都を旅する一助となればと願っております。

最後になりましたが、今回のタイムトリップマップを制作するにあたり、ご自身の研究成果の提供を快く了承いただいたばかりか、考古学に全く不案内な私に、いろいろとアドバイスいただいた花園大学文学部教授の山田邦和先生に深く感謝致します。

松岡　満

聚楽第行幸図（堺市博物館蔵）

現代地図と歴史地図を重ねた新発想の地図

Time Trip Map《タイムトリップマップ》

特許出願中

京都時代MAP 安土桃山編

平成十八年六月二十日初版一刷発行
平成二十八年八月十三日　二刷発行

著　者　株式会社新創社　松岡　満
構　成　株式会社コギト　太田　稔
発行者　浅野泰弘
発行所　光村推古書院株式会社
〒六〇四―八二五七
京都市中京区堀川通三条下ル
橋浦町217番地2
PHONE　〇七五（二五一）二八八八
FAX　〇七五（二五一）二八八一
http://www.mitsumura-suiko.co.jp
印　刷　日本写真印刷株式会社

ISBN978-4-8381-0369-0 C0026

企画・制作／新創社『京都時代ＭＡＰ』制作委員会
構成・編集／岩松美歩
編集・デザイン／中島真由美・田中孝一
取材・執筆・写真／ヨシダカツミ・古森佳世
編集スタッフ／合田有作・佐藤紅・大西律子